Évolution de la dynamique affective et accès à l'équilibre

Catalogage avant publication de Bibliothèque et Archives nationales du Québec et Bibliothèque et Archives Canada

Bossé, Michel, 1943-

Évolution de la dynamique affective et accès à l'équilibre : récit intégral de quatre thérapies par le jeu à titre d'illustrations

Comprend des références bibliographiques.

ISBN 978-2-923656-49-6

1. Ludothérapie - Études de cas. I. Guay, France, 1970-   . II. Titre.

RJ505.P6B68 2013   618.92'891653   C2013-941451-7

Éditeur: François Martin
Révision: Josianne Cummings
Mise en page : DocZones
Montage de la page couverture: Faustin Bouchard

**Évolution de la dynamique affective et accès à l'équilibre
ISBN 978-2-923656-49-6**

© GROUPÉDITIONS
Dépôt légal - Bibliothèque et Archives nationales du Québec, 2013
Dépôt légal - Bibliothèque et Archives Canada, 2013

Michel Bossé
France Guay

Évolution de la dynamique affective et accès à l'équilibre

Récit intégral de quatre thérapies par le jeu à titre d'illustrations

*Nous dédions cet ouvrage
à Monsieur le Professeur Jean Bergeret,
dont l'œuvre si lumineuse a tellement
inspiré notre pratique de la thérapie par le jeu
auprès des enfants et des adolescents.*

Autres ouvrages de Michel Bossé

Connaissance et langage : une perspective structuro-génétique intégrée (1984). Trois-Rivières ; Épistémis.

Modes de fonctionnement cognitif et langagier (1990). Trois-Rivières ; Éditions SMG.

Des tout-petits jouent, parlent et... se transforment (1999), (en coll. avec Mylène Boileau et Isabelle Moreau). Montréal ; Édition du Méridien. Réédition (2008). Montréal ; Groupéditions Éditeurs.

Initiation à la pratique psychothérapeutique auprès de l'enfant (2003). Montréal ; ECU. Réédition (2008). Montréal ; Groupéditions Éditeurs.

Le sexe du psychothérapeute et son influence en pratique infantile (2008) (en coll. avec Patrick Bisonnette et Marie-Claude Boutet). Montréal ; Groupéditions Éditeurs.

« Pourquoi j'irais chez la psy, maman ?... », Montréal, Groupéditions, 2011.

Le mode de fonctionnement affectif de l'enfant : son analyse par le jeu spontané, Montréal, Groupéditions, 2012.

Présentation

Michel Bossé

Considérer la disparition des symptômes comme un indice suffisamment convaincant pour confirmer la réussite d'une thérapie n'a jamais fait l'unanimité chez les psychologues travaillant auprès des enfants ; pour bon nombre de praticiens, en effet, il a toujours paru important de tenir compte bien davantage de l'équilibre[1] atteint par l'enfant au terme de la thérapie, ce dernier indice constituant à leurs yeux un indicateur bien plus fiable de maturation que la seule disparition des symptômes. Il est évident que la position prise sur cette question a toujours été reliée à la conception de l'intervention et surtout à la nature conférée aux symptômes. C'est véritablement sur ces deux derniers points que les débats ont été les plus intenses et les affrontements les plus acrimonieux depuis plus d'un demi-siècle au moins.

Pour simplifier les choses, mais pas exagérément, on pourrait présenter de la façon suivante les deux principales perspectives qui se sont affrontées jusqu'ici. La première propose une approche qui s'attaque directement au symptôme[2] sans qu'il soit nécessaire de porter attention à une quelconque signification qu'il pourrait porter ou cacher, sans qu'on ait besoin de se soucier de la dynamique d'où il pourrait émaner. Elle tient pour acquis

---

1 Ce qui est désigné par *équilibre* peut paraître quelque peu énigmatique en soi. J'en donnerai pour l'instant la définition suivante : c'est l'état atteint par un enfant qui présente le mode de fonctionnement psychique attendu compte tenu de son âge et qui est en mesure de relever les défis qui s'y rattachent. On pourrait également utiliser le néologisme « bien-portance » pour désigner cet état très exactement.

2 Le singulier est utilisé ici pour une raison de commodité d'expression. Cet usage ne doit pas faire oublier que le plus souvent, les symptômes composant la problématique sont multiples.

que ce symptôme n'a pour fonction essentielle que d'être un irritant pour le sujet ou pour son entourage. Pour les tenants de cette perspective, ce serait là la seule « signification » ou la seule dimension à prendre en considération. La seconde perspective part précisément du principe que le symptôme est un « langage » ou, si l'on préfère, un procédé de communication porteur d'un sens, et que c'est en suivant ce sens à la trace, en le décodant avec l'enfant, qu'on arrive à faire évoluer durablement et favorablement la dynamique psychique qui le propulse. Elle postule que le symptôme est un messager que le psychothérapeute[3] doit respecter et traiter[4] avec patience, de manière à pouvoir avoir accès au message dont il est porteur.

Le contenu de cet ouvrage s'arrime à cette deuxième perspective. Dans mes ouvrages antérieurs, en conformité avec la tradition psychanalytique, j'ai insisté sur le fait que le symptôme devait être considéré soit comme une protestation, soit comme un appel à l'aide, ou encore comme la résultante d'une tentative visant à contrôler l'anxiété consécutive à la rumination d'un désir inavouable. Cette vision des choses entraîne des conséquences importantes sur la conduite même de la thérapie, on le comprend facilement. Dans son interaction avec l'enfant, le psychothérapeute de cette orientation se met à la recherche du sens de ce qui s'exprime par le symptôme et par ceux qui pourraient lui succéder; il s'emploie à se mettre en contact avec ce qui s'agite au plus profond de l'enfant, avec son inconscient, avec ce qui correspond, en

---

3 Tout au long de cet ouvrage, le genre de ce terme n'est masculin qu'en apparence ; en réalité, il est neutre, servant à désigner tout aussi bien les femmes que les hommes.
4 Ce terme étant ici utilisé au sens d'« agir envers... » et non au sens de « soigner ».

somme, à l'émetteur du message. Pour être couronnée de succès, cette quête du sens s'inscrit nécessairement dans une durée, laquelle varie sensiblement, notamment en fonction de l'âge de l'enfant et de l'ampleur du déficit de son développement affectif; elle ne peut généralement pas aboutir rapidement. Elle implique que l'enfant en vienne à se sentir à l'aise et en confiance avec le thérapeute, ce qui peut nécessiter quelques séances. Elle implique également que l'enfant puisse s'installer suffisamment bien dans une ou plusieurs formes d'activité pour faire de celles-ci son moyen préféré d'expression. Elle implique que l'enfant puisse réagir aux interprétations que lui propose le psychothérapeute, qu'il puisse accepter le fait que ce dernier a découvert ses désirs secrets ainsi que les peurs qui s'y associent. Elle implique enfin que l'enfant en vienne à accepter d'aller de l'avant et, pour ce faire, de renoncer à ces désirs et de surmonter la déception ou l'aigreur qui s'ensuit.

Ce qui se passe entre l'enfant et le psychothérapeute n'est pas le seul facteur ou ensemble de facteurs qui fait que la thérapie s'étale sur un certain nombre de semaines ou de mois et qui conditionne sa réussite; il faut en effet compter sur le degré d'implication des parents. Avec quelle promptitude, quelle constance ou quelle discipline, l'un et l'autre des parents vont-ils mettre en application les recommandations qui leur seront faites, très souvent dès la rencontre d'accueil, sinon deux ou trois semaines plus tard? Quel sera le degré de leur ouverture par rapport au thérapeute dans les rencontres bilan qui vont se succéder toutes les cinq ou six semaines? Dans quelle mesure feront-ils preuve de transparence avec le psychothérapeute et, entre eux, de cohérence, de respect mutuel et d'esprit de consensus (particulièrement s'ils sont séparés)? Voilà autant de conditions, parmi d'autres, liées à l'implication des parents, conditions qui jouent de tout leur poids, de façon positive ou négative, sur la durée et la réussite possible de la thérapie.

Pouvoir compter sur des exemples concrets laissant voir très exactement comment se conjugue l'action de ces divers facteurs, ceux liés à la thérapie proprement dite, et ceux liés à l'implication des parents, n'est pas sans intérêt pour les praticiens travaillant auprès des enfants, pour les psychothérapeutes en formation, et peut-être même également pour les parents d'un enfant qui a besoin d'aide. Bien au contraire, car en accédant à l'intimité de la psychothérapie au fur et à mesure que celle-ci se déroule, au fil des semaines, autant les uns que les autres peuvent assister presque *in vivo* au déroulement de cette quête du sens et aux effets de la mise au jour de celui-ci sur l'enfant. Pourrait-on espérer matériel plus transparent et plus complet? Difficile d'imaginer comment la chose pourrait être possible.

C'est précisément ce souci de transparence et de pédagogie qui nous a motivés, France et moi, à donner le récit intégral des quatre psychothérapies par le jeu contenues dans le présent ouvrage. Le matériel présenté fait état de toutes les interactions essentielles survenues dans le cadre de ces thérapies : celles survenues entre les enfants et la psychothérapeute, celles que cette dernière s'est trouvée à réaliser avec les parents ou avec d'autres professionnels impliqués dans les cas et, bien évidemment, celles qui sont constitutives de la supervision.

Quelques mots sur la nature de ces cas. Ceux-ci ont en commun de provenir de la clientèle assumée dans un service public (CSSS). Autre caractéristique commune : les quatre cas ont au départ un mode de fonctionnement affectif tout à fait correspondant à celui des garçons et filles bien portants de leur âge. Ces enfants n'ont cependant pas été amenés chez la psychothérapeute sans raison. Au contraire, ils présentent tous les quatre des problèmes qui inquiètent ou exaspèrent leurs parents : difficulté dans l'interaction et la communication avec les pairs ou avec les adultes, refus de s'alimenter à la suite d'un étouffement, encoprésie, agitation, opposition, etc. Il est évident qu'au moment de la prise en charge, l'élan maturatif de ces enfants est en panne. De ces quatre enfants, trois sont soupçonnés d'être aux prises avec un trouble envahissant du développement (TED), soupçon qui ne sera confirmé dans aucun de ces cas; bien au contraire, il s'avérera que préalablement à l'entrée en thérapie, les deux garçons et la fillette en question avaient accédé au mode de fonctionnement affectif le plus élevé, celui qui est attendu chez un enfant de leur âge.

Il me faut précisément revenir sur le fait que ces quatre enfants présentaient un mode de fonctionnement œdipien. Pourquoi ne pas avoir choisi des cas plus diversifiés (par exemple des anaclitiques de niveau médian ou de niveau phallique[5]) ? Nous avons retenu ces quatre cas pour deux raisons : par commodité et à cause d'une certaine parenté entre les cas. À âge égal, la psychothérapie d'un enfant au développement affectif de niveau moins élevé s'étend généralement sur une durée plus longue, le

---

5   Il m'importe de signaler que dans deux ouvrages précédents, de tels cas (anaclitiques au départ) ont été présentés dans les mêmes conditions de transparence et d'exhaustivité. Le lecteur intéressé pourra prendre connaissance des cas Pierre-Luc et Guillaume dans Bossé et collab. (1999) et du cas N. dans Bossé et collab. (2008). Enfin, dans Bossé (2003), j'ai évoqué avec moult détails l'évolution de plusieurs cas de niveau anaclitique (de bas niveau, de niveau médian et de niveau phallique).

déficit à récupérer étant plus important. Il nous a donc fallu, pour des raisons de concision (donc d'espace et, de ce fait, de nombre de cas), donner préséance à des enfants à fonctionnement œdipien. La deuxième raison se rapporte au fait que, comme il vient d'être précisé, trois de ces cas étaient soupçonnés au moment de la référence d'être aux prises avec un TED. Ce soupçon ne s'étant pas avéré, il nous a semblé important de tirer des leçons de cette situation, ce que nous ferons ultérieurement. Le quatrième cas présenté comportait à nos yeux des aspects assez particuliers, notamment sur le plan de l'implication des parents ; il permettait, par le contraste qu'il rendait possible, de mettre en relief l'importance de cette condition pour la bonne marche et la pleine réussite de la psychothérapie.

Je ne saurais conclure cette présentation sans livrer quelques informations sur celle qui conduit et mène à terme les psychothérapies. Au cours de ses années de formation universitaire en psychologie, France avait choisi de s'orienter vers la pratique de l'intervention auprès de la famille, déçue qu'elle était alors de constater que la pratique d'orientation psychanalytique telle qu'on la lui présentait tenait si peu compte de l'impact du milieu familial sur la situation de l'enfant en difficulté. C'est donc sous l'éclairage de la perspective systémique qu'elle traversa les premières années de sa pratique professionnelle. Petit à petit, au fil de son accès à différents postes ou fonctions, elle se rapprocha de la clientèle infantile; il y a quelques années, c'est à cette clientèle qu'on lui offrit de consacrer exclusivement son activité professionnelle. Elle eut alors l'idée de s'inscrire à un séminaire de formation à la psychothérapie par le jeu. Ce fut le début de nos interactions. Aujourd'hui, France est la seule psychologue de son CSSS à travailler auprès de la clientèle jeunesse. Au cours de la dernière année, elle a commencé à pratiquer à temps partiel en cabinet privé. Elle estime avoir trouvé dans la thérapie par le jeu l'approche qui a réactivé sa passion pour la pratique psychothérapeutique et qui lui a permis de préciser son identité professionnelle. On pourra facilement sentir dans sa façon de travailler la présence de cette passion et la définition de cette identité en lisant les récits de thérapie qui vont se succéder dans les quatre prochains chapitres.

Chapitre premier

Thomas

Âge : 5 ans et 1 mois en début de thérapie.

Motif de consultation : retard de développement, retard de langage, présomption de trouble envahissant du développement (TED).

Anamnèse : informations recueillies lors de la première rencontre avec les parents

Thomas est issu d'une famille à structure traditionnelle. Il est l'aîné de deux enfants. Son petit frère, Julien, est âgé de 3 ans. Une petite sœur est décédée il y a un an et demi environ, à une semaine de vie. Le diagnostic du syndrome de Turner avait été émis dans son cas.

Thomas est de très petite stature et il a une petite voix aiguë. Il a été référé au CLSC vers l'âge de 3 ans par l'infirmière en périnatalité, qui a constaté chez lui un déficit apparent en ce qui concerne son développement. Peu de temps avant la référence, un diagnostic de retard de développement et de langage a été émis dans son cas. On notait que Thomas était très lunatique et dans sa bulle. Il ne semblait pas avoir d'intérêt à interagir avec les autres. Son humeur semblait au point mort en ce sens qu'il présentait peu d'affects. L'éducatrice de garderie l'avait qualifié d'enfant « bibelot » tellement il ne dérangeait pas. Il avait peu de contact visuel et semblait fonctionner à la manière d'un robot. Des comportements de « flapping[6] » avaient été observés chez lui quand il manifestait sa

---

6 Ce comportement est constitué de gestes répétitifs des mains ou des bras, similaires à des battements d'ailes.

satisfaction. Sa relation avec l'adulte consistait à utiliser celui-ci comme un outil pour obtenir ce qu'il voulait. On a noté de la rigidité, des réactions de panique face au fait d'être sali, mouillé, ou lorsque sa nourriture tombait à côté de son assiette. On a relevé des atypies en ce qui concerne son développement et ses comportements. Le garçon semble apprendre par coups et il assimile parfois des choses plus complexes avant des choses plus faciles du même type. Il va sans dire qu'il a été référé au service de pédopsychiatrie pour présence possible d'un TED. Il y aurait eu des antécédents dans la famille, entre autres chez un oncle maternel qui serait autiste. Son développement de 0 à 15 mois semble s'être réalisé dans les normes, à part l'acquisition de la propreté, qui s'est faite un peu tardivement, soit entre 3 ans et 3 ans et demi.

Les parents sont décrits comme aimants. Ils ont vécu dans une situation d'extrême pauvreté lors des premières années de vie de Thomas. Ils habitaient une maison très délabrée. Ils ont connu deux faillites. Leur situation financière se serait quelque peu améliorée ces dernières années. La mère est timide et réservée. Le père consommerait parfois de la marijuana. Le soutien qu'il apporte à sa conjointe aurait été plutôt pauvre par moments. Il était le souffre-douleur dans sa famille d'origine. Il aurait donc vécu une situation de violence au cours de son développement. Il a présenté des difficultés scolaires importantes. Il est parti travailler dans l'Ouest canadien entre les 13e et 16e mois de l'enfant. Cette absence aurait énormément affecté celui-ci, qui, selon la mère, tournait en rond dans la maison après son départ. L'enfant serait resté vulnérable aux coupures pendant quelques années.

Ayant bénéficié de service de stimulation du CLSC et d'un suivi en orthophonie en plus de sa fréquentation d'un CPE, Thomas a grandement évolué depuis la référence initiale. Il imite beaucoup. La présence de son frère cadet (de deux ans plus jeune que lui), qui se développe normalement et qui est très « allumé », semble favoriser grandement son développement. Les garçons semblent être tous les deux au même stade de développement. La mère mentionne que Thomas vient de quitter sa période intensive du questionnement à propos de tout. Elle n'observe toutefois pas d'attitude en lien avec l'œdipe chez aucun de ses garçons. Par contre, ils ont tous les deux commencé récemment à s'intéresser aux différences homme/femme et ils posent des questions à ce sujet. Thomas conserve actuellement un retard de langage de léger à modéré, tant sur le plan expressif que sur le plan réceptif. Il demeure un enfant enclin à la solitude. Sa façon d'apprendre demeure atypique. Il entrera à la maternelle en septembre prochain, soit dans 8 mois.

Première séance

Au premier abord, je suis impressionnée par sa petite stature et sa petite voix aiguë. J'ai parfois de la difficulté à comprendre ce qu'il dit. Il donne l'impression d'être un enfant de trois ans. Il accepte toutefois de me suivre seul dans le local. Il s'intéresse rapidement au matériel. Il prend tous les véhicules à 4 roues, nommant chacun d'eux en le prenant. Je lui explique ce qu'il doit faire, c'est-à-dire me dire ce qui se passe dans son jeu. (J'ai le sentiment qu'il n'y arrivera pas...)

Jeu de l'enfant

Thomas met deux bonshommes dans la voiture de police et un bonhomme habillé en noir dans la voiture rouge. Il met un bonhomme dans l'ambulance. Il prend la fourgonnette de police. Il demande : « Y'a une prison. Ça sert à quoi? » Puis il dit que les méchants vont dans la prison. « J'ai attrapé un méchant! », déclare-t-il. Il semble choisir ses figurines sans égard à leur costume ou à leur genre. Il prend un personnage féminin et le regarde.

F. : Qu'est-ce que c'est?

Pas de réponse

F. : Est-ce un monsieur ou une madame?

Pas de réponse.

F. : Est-ce que c'est un monsieur?

T. : Oui.

Il met plusieurs figurines dans la boîte de la fourgonnette en disant chaque fois que c'est un méchant. Il dit que dans la voiture de police, il y a les gentils.

F. : Qu'est-ce que les gentils vont faire avec les méchants?

T. : Ils vont les mettre dans le feu.

Il met une valise dans la voiture des gentils. Il précise : « Ils prennent le trésor des méchants. » (Je n'en crois pas mes oreilles!) Il met encore des figurines dans la prison de la fourgonnette de police. Il découvre le coffre-fort. Il met de l'argent dedans.

F. : Que vas-tu faire avec ça?

T. : Je vais voler des sous aux méchants.

Je lui demande qui est le bonhomme vêtu de noir dans l'auto rouge. Il me dit que c'est un gentil. Il dit que les quatre véhicules sont conduits par des gentils. Il met encore beaucoup de figurines dans la prison de la fourgonnette de police. Il y en a jusqu'au plafond. Thomas veut en mettre un autre, mais le toit relève tellement il n'y a plus de place. Il fait rouler la fourgonnette, puis l'ambulance.

F. : Où s'en vont-ils?

T. : Chez eux.

F. : Faire quoi?

T. : Ils s'en vont manger.

Il va chercher une maison et l'installe par terre.

F. : À qui appartient-elle?

T. : Aux gentils.

Il met des gentils dedans, en disant : « Ça va être plein de bonshommes. » Il veut mettre le trésor dans la maison puis il décide de le laisser dans l'auto, affirmant que les méchants ne pourront pas venir le prendre, car ils sont en prison. Il dit que les bonshommes dans la fourgonnette de police (il parle des conducteurs, je pense) s'en vont à l'épicerie. Il a parfois de la difficulté à manipuler le matériel. Il me demande mon aide à l'occasion. Je lui demande comment se termine l'histoire.

T. : Les méchants vont sortir [de la prison] pour faire les gentils.

Il les enlève et les place dans la maison. J'en déduis que les méchants deviennent des gentils à la fin de l'histoire.

Supervision

Tu as bien raison : ce garçon n'est certainement pas aux prises avec un TED. Il me paraît bien plutôt œdipien. Il met en scène un affrontement entre deux camps pour un enjeu qui est le coffre au trésor. Le support identitaire correspond aux gentils. Le rival œdipien est figuré par les méchants. Derrière le trésor se profile bien sûr le « cœur » ou l'amour de la mère (œdipienne). Le support identitaire l'emporte, en ce sens qu'il conserve le trésor récupéré. Plus encore : le rival s'en accommode et redevient gentil avec le support identitaire.

Deuxième séance

À son arrivée, Thomas se rend directement à l'étagère et sort presque le même matériel qu'à la première séance. Il semble avoir décidé d'avance ce à quoi il jouerait. C'est une allégorie qui a exactement la même organisation que celle de la première séance. Des méchants sont mis en prison dans la fourgonnette de police. Des gentils possèdent les véhicules de police. Ce sont eux qui ont emprisonné les méchants. Ce sont eux également qui possèdent le coffre au trésor. Thomas dit que les gentils vont mettre les méchants dans le feu et qu'ils vont leur lancer des balles de feu. Un peu plus tard, il va chercher le bateau de pirates. Les pirates deviennent les méchants, mais l'histoire demeure la même. Je lui demande comment celle-ci se termine. Il dit que les méchants vont rester en prison. Lorsque je lui demande pourquoi ils se chicanent, il répond que c'est parce qu'ils sont méchants. Il ajoute que les gentils vont détruire la ville des méchants, car ils ne sont pas gentils.

Commentaire

À cette séance, Thomas passe plus de temps à explorer le matériel qu'à développer son histoire. Entre autres, il s'amuse longtemps avec les canons des pirates à lancer des boulets de canon le plus loin possible. Il est manifestement beaucoup plus à l'aise avec moi. Il sourit davantage; il chantonne même à un certain moment. Il pose beaucoup de questions, mais il connaît toutes les réponses. Cela me permet de constater qu'il possède beaucoup de vocabulaire. Il connaît ses chiffres et il se souvient de la combinaison du coffre-fort que je ne lui ai mentionnée qu'à une seule reprise la séance précédente.

Lorsque la séance prend fin et que vient le temps de ranger, il cherche le coffre au trésor et il le prend dans sa main afin que je ne le range pas. Il le garde et tarde à accepter de le ranger avec les autres jouets.

Supervision

Ici encore, il s'agit d'un affrontement entre deux camps pour un enjeu qui demeure le coffre-fort. Le support identitaire se profile derrière les gentils, alors que le rival est figuré par les méchants. Le support identitaire l'emporte sur le rival, en ce sens qu'il conserve le trésor récupéré (la possession œdipienne de la mère).

Troisième séance

Thomas arrive enjoué et pressé d'aller jouer. Il sort le bateau de pirates, le poste de police, deux hélicoptères et tous les véhicules à 4 roues. Il prend également le coffre-fort. C'est la même configuration de jeu que celle présentée aux deux séances précédentes. Le garçon met des méchants dans la prison de la fourgonnette de police, dont des pirates. Il met en place ici encore des gentils, qui s'avèrent être des policiers. Il dit que les méchants sont mis en prison, car ils ont volé des choses aux gentils. Les gentils vont détruire la ville des méchants et ensuite, ils vont surveiller la ville (la leur). Le support identitaire, un policier, se promène dans la voiture de police. Il possède une maison (le poste de police) dans laquelle les autres gentils viennent le visiter. Thomas fait remarquer que dans la maison, il y a une prison pour les méchants. Il décide de les y amener. Il remet son support identitaire dans la voiture de police et il installe une figurine féminine à côté de lui.

F. : Qui est-ce ?

T. : C'est une amie. C'est une amie à ma maman.

F. : Est-ce que c'est la blonde du policier ?

T. : Oui. Ils s'en vont à l'épicerie, ensuite ils reviennent à la maison et, finalement, ils s'en vont chez Mamie.

Je l'avise que la séance achève, qu'il ne reste que 5 minutes et je lui demande comment va se terminer l'histoire. Il refuse de me le dire. Il me dit plutôt qu'il va me le dire dans 10 minutes, cherchant manifestement à prolonger la durée de la rencontre, ce qui est tout à fait nouveau.

F. : Est-ce que ça se pourrait, Thomas, que tu aimes tellement ta mère que tu souhaiterais qu'elle soit ton amoureuse ?

T. : Oui. Hier, j'ai embrassé mon papa comme quand j'étais petit.

Il maintient son désir de repousser la fin, refusant de m'aider à ranger. Il n'est pas très content.

Supervision

À nouveau un affrontement entre deux camps pour un enjeu qui, une nouvelle fois, semble être le coffre aux trésors ou des choses précieuses. Le support identitaire se profile derrière les gentils policiers, particulièrement le policier de la voiture, et la figure rivale, derrière les méchants et les pirates. La figure maternelle est représentée par la ville, les trésors et les choses précieuses. Le support identitaire l'emporte et conserve encore une fois l'avantage. C'est lui qui domine la scène. Lorsque Thomas ajoute une figurine féminine, il se transpose littéralement dans une vie d'adulte : il possède une maison et une femme, en l'occurrence la figure maternelle convoitée. Il affirme que c'est l'amie de sa mère, mais il ne veut que faire illusion : c'est bien de la mère qu'il s'agit. Il est maintenant très engagé dans le processus, comme en témoigne sa difficulté à accepter la fin de la séance.

Quatrième séance

Thomas arrive en pleine crise. Il pleure et répète sans cesse qu'il veut aller se coucher. Il est inconsolable. La mère explique que ses enfants sont fatigués. On vient de passer la période des Fêtes; les enfants se sont couchés tard et ils ont pris l'habitude de s'endormir tard le soir, surtout depuis que le papa n'est pas disponible. Le papa est en effet au chevet d'une personne proche qui a dû être opérée et il n'a pas dormi à la maison la veille. La maman éclate en sanglots à son tour et les deux pleurent. Elle se dit épuisée, car elle a beaucoup travaillé durant la période des Fêtes et son conjoint n'est pas là. Madame dit que Thomas demeure très sensible aux absences de son père. La séance est finalement reportée. La mère et son fils sont retournés se reposer à la maison.

Supervision

Une certaine vulnérabilité au défaut de présence du père semble persister. Quoi qu'il en soit, il serait bien difficile à ce moment-ci de prétendre que cet enfant n'est pas œdipien. Cela m'amène à insister sur la qualité du développement de cet enfant, malgré des conditions familiales un peu compliquées. Il faut reconnaître le bon travail de l'éducatrice qui est intervenue auprès de cette famille, ainsi que celui de l'orthophoniste. Enfin, chapeau à la mère qui s'est beaucoup mobilisée jusqu'ici. Cet enfant a non seulement un niveau de développement affectif qui correspond à son âge, il semble jouir de capacités intellectuelles de très bon niveau.

Questions supplémentaires de la thérapeute au superviseur

France : Croyez-vous que le départ du père quand l'enfant était âgé de 13 mois puisse avoir compliqué quelque peu son développement?

Superviseur : *Il semble effectivement que cette absence ait laissé des traces; il n'y aurait rien d'étonnant à cela, surtout si le papa interagissait beaucoup avec l'enfant dans les mois qui ont précédé son départ. Thomas peut* *avoir gardé de cette absence temporaire un point de vulnérabilité, en dépit de sa progression ultérieure. Sa réaction actuelle aux absences du père pourrait fort bien s'expliquer par la peur qu'il lui arrive quelque chose de malheureux, comme il le souhaite par moments. C'est dire que le symptôme pourrait fort bien avoir changé de sens au fil du développement affectif de l'enfant. Il n'y aurait rien d'étonnant à cela : c'est fréquemment ce qui arrive avec les mots.*

France : Puisqu'il vient tout juste d'avoir 5 ans, dois-je le garder en thérapie jusqu'au renoncement œdipien ou devrais-je donner les recommandations d'usage aux parents et le revoir à l'aube de ses 5 ans et demi?

Superviseur : *Il pourrait renoncer avant 5 ans et demi. Je te conseille de le garder en thérapie pour lui permettre de se mettre sur la voie du renoncement. Je pense que la mère et le père ont besoin de soutien pour que leur fils puisse aborder cette étape de belle façon.*

Cinquième séance

Thomas arrive dans le local en courant. Il semble de très bonne humeur. Il sort beaucoup de matériel. Il le manipule en silence. Après un moment, je commence à lui poser des questions ; il fait la sourde oreille. Visiblement, il n'a pas le goût de me répondre. Il est plongé dans l'exploration du matériel et il me pose beaucoup de questions du genre « C'est quoi ça ? », alors qu'il connaît la plupart des réponses.

Voici comment se déploie son jeu. Il installe d'abord des cônes et des clôtures. Il prend le podium pour les trois premiers arrivés. Il prend un bonhomme, lui met un casque et le place dans la voiture rouge. Il prend un second bonhomme, lui met un casque et le place dans la voiture bleue. Il refuse de me dire qui sont ces bonshommes.

F. : Sont-ils amis ou non ?

T. : Ils sont amis.

F. : Quel âge ont-ils ?

J'apprends que celui de la voiture rouge a 5 ans et l'autre, 3 ans. Ils font une course. C'est celui de 5 ans qui gagne. L'autre termine deuxième.

F. : Est-ce qu'il s'agit de garçons ou de filles ?

Il me répond que le bonhomme de la voiture rouge est un garçon alors que l'autre est une fille (il porte des vêtements roses).

F. : Que vont-ils faire maintenant ?

T. : Ils vont rentrer dans la maison.

F. : À qui est la maison ?

T. : À eux deux.

F. : Quel âge a la fille ?

T. : 3, non, 6 ans.

F. : Et le garçon ?

T. : 5 ans.

Il ajoute un troisième personnage dans la maison. Il dit que c'est Yannick, l'ami de son papa.

F. : Thomas, est-ce que ça t'arrive encore de souhaiter que maman soit ton amoureuse ?

T. : Oui.

Il met les deux casques de moto (que ses personnages portaient pour la course) dans le coffre arrière de la voiture de police.

F. : À qui appartiennent les casques ?

T. : Au policier.

F. : Qui est le policier ?

T. : Mon papa.

Il consacre les minutes restantes à s'amuser à lancer des boulets de canon le plus haut possible. Il accepte bien, cette fois-ci, la fin de la séance. Toutefois, dans la salle d'attente, lui et son petit frère Julien, âgé de 3 ans, se montrent insupportables : ils se chamaillent et refusent d'écouter leur mère et de remettre leurs vêtements d'extérieur. Cela me permet de constater à quel point la maman ne semble pas avoir beaucoup d'autorité sur ses garçons.

Commentaire

Je crois que Thomas se profile derrière le personnage de 5 ans. Dans la première séquence, il met en scène une situation de rivalité avec un personnage qui m'a semblé sur le coup être son frère. Dans la deuxième séquence, le personnage apparaît clairement comme féminin. Thomas met en scène une situation œdipienne dans laquelle son support identitaire se retrouve avec une fille de 6 ans, qui, me semble-t-il, pourrait représenter la figure maternelle convoitée. Le père arrive à la fin, dans le rôle d'un policier. Il récupère les deux casques, ce qui peut symboliser soit une punition, soit la reprise de l'objet de convoitise. Par sa réponse affirmative à l'interprétation, il reconnaît ses sentiments œdipiens envers sa mère.

Supervision

Il se pourrait que les casques symbolisent la force ou l'invulnérabilité de la figure rivale. La thérapie suit bien son cours.

Rencontre avec la mère

Le père était convoqué, mais il n'est pas venu. Je lui ai parlé au téléphone. Il ne se sent pas à l'aise face à un psychologue (comme à tout autre intervenant d'ailleurs). Il a peur d'être jugé. Il a eu un vécu difficile dans sa propre famille, un vécu dans lequel la DPJ (Direction de la protection de la jeunesse) a été impliquée. À la fin de l'échange, il se disait rassuré et disposé à venir à la prochaine rencontre parents-thérapeute.

La maman arrive très en retard, mais bien mise et bien disposée pour la rencontre. Elle dit avoir remarqué que son fils se montre plus « colleux » avec elle ces temps-ci. Son deuxième garçon de 3 ans se montre « colleux » également. Parfois, ils se disputent la place auprès d'elle. Ils ont aussi souvent tendance à se chamailler entre eux. Toutefois, elle remarque que Thomas « picosse » moins son frère qu'auparavant et qu'il écoute un peu plus les consignes. « Le deuxième garçon en a beaucoup dedans », nous dit la mère. Elle précise qu'elle parvient assez bien à encadrer ses fils, car l'éducatrice lui a appris à le faire. Il n'y a, selon elle, aucune manifestation d'anxiété, ni de perturbation du sommeil chez Thomas. C'est de son point de vue un enfant plutôt facile. Il ne s'impose pas, mais il prend tout de même davantage sa place dorénavant ; antérieurement, il se montrait plutôt effacé. Madame trouve qu'il « débourre » énormément ces temps-ci. Nous parlons du décès de leur petite fille en 2010, alors qu'elle n'avait qu'une semaine. Madame pleure. Le deuil n'est manifestement pas tout à fait liquidé. Il ne semble pas que Thomas ait été particulièrement marqué par cet événement. En ce qui concerne ses attitudes parentales, madame n'est aucunement « séductrice » envers ses garçons et elle fait d'excellentes interventions pour clarifier que le papa est son véritable amoureux. Elle raconte que tout récemment, Thomas a commencé à dire qu'Alycia était son amoureuse à la garderie.

Sixième séance

L'argent et l'or du coffre-fort ainsi que le poste de police appartiennent aux gentils. Un méchant chevalier se trouve dans la prison, car il a volé l'argent et l'or. Thomas prend l'argent et le met dans la prison avec le chevalier. Il met en scène un second chevalier méchant qui vient de voler des sous également. Puis, plusieurs méchants sont mis à tour de rôle dans la prison. Tout l'argent et l'or se retrouvent avec eux dans la prison. Thomas dit qu'ils ont tout volé.

F. : Toi, Thomas, es-tu un gentil ou un méchant ?

T. : Un méchant.

Thomas dit que le gentil mange une citrouille empoisonnée et il meurt. Une fille qui fait partie du camp des gentils mange également une pomme empoisonnée et elle meurt. Beaucoup d'autres gentils mangent de la nourriture empoisonnée et meurent. À la fin, Thomas dit que les méchants sont devenus gentils. Ils remettent l'argent dans le coffre. Les gentils et les anciens méchants se le partageront.

F. : Est-ce que ça t'arrive encore Thomas de penser que tu aimerais que maman soit ton amoureuse ?

T. : Oui, mais seulement quand je vais être grand.

F. : Ah oui ! Tu crois que lorsque tu seras grand, tu pourras avoir ta maman pour amoureuse ?

T. : Oui.

Puis il poursuit son jeu. Il met les méchants et les gentils tous ensemble, pêle-mêle, dans la prison. Il jette de l'argent sur eux.

T. : Il neige...

F. : Que font-ils ?

T. : Ils se bataillent.

F. : Qui va gagner ?

Il dit qu'un méchant a gagné. Il prend l'argent et la met dans son coffre. Il dit que tout l'argent va appartenir au méchant.

Commentaire

Il est en bonne voie de renoncement, mais on peut voir clairement qu'il espère encore que la conquête de la mère va se réaliser plus tard, quand il sera grand. Il y a également de l'ambivalence, car à l'issue du premier combat, les méchants deviennent gentils, alors que dans le deuxième affrontement, les méchants gardent la totalité de l'argent. Cela peut être attribuable à l'interprétation qui venait tout juste de lui être faite : il renonce pour l'instant, mais pas pour plus tard. Le fait qu'il se positionne dorénavant dans le rôle des méchants voleurs qui sont mis en prison et le caractère limpide de l'allégorie témoignent de l'évolution de sa dynamique. L'attitude de la mère en lien avec l'œdipe va favoriser l'évolution de Thomas.

Supervision

Je souscris à ton analyse. Il commence à se résigner à la défaite. Mais comme la dernière séquence le montre, il est ambivalent : à certains moments, il pourrait bien encore espérer l'emporter.

Septième séance

Thomas arrive calme et souriant. Il sait exactement ce qu'il veut utiliser pour la séance, soit la pâte à modeler. Il s'amuse à faire pousser les cheveux du personnage masculin ainsi qu'à les lui couper et ce, de façon répétée.

T : Papa m'a coupé les cheveux, l'autre fois, avant de me coucher.

Je lui propose que nous fabriquions des personnages ou des objets afin de les utiliser pour faire une histoire ensuite. Il me demande de faire un bonhomme de neige. Lui, de son côté, il fabrique un cœur pour maman, puis un biscuit pour lui et un pour son frère. Il fabrique enfin des personnages représentant tous les membres de sa famille, ainsi que Yannick, l'ami de papa.

L'histoire proprement dite

T. : C'est l'après-midi ; ils soupent, ils brossent leurs dents, ils donnent des bisous.

F. : Qui ?

T. : Les adultes donnent des bisous aux petits enfants.

Il ajoute que les adultes se couchent ensuite.

Je remarque qu'il a positionné entre le papa et la maman le personnage qui le représente.

T. : On se lève, c'est le matin.

Il ajoute d'autres personnages. Il les divise en deux équipes : les jaunes et les roses. Il fait beaucoup de personnages en rose. Il fait un cœur rose.

F. : C'est pour qui ?

T. : Pour papa et maman.

Il s'amuse à compter les personnages qu'il a placés à la file.

Commentaire

Cette séance comporte des éléments œdipiens : manifestation possible de l'angoisse de castration (la coupe de cheveux faite par le père), production d'un cœur pour la maman, des bisous donnés aux enfants par les parents et la position du support identitaire couché entre le papa et la maman. Il me semble que ce petit bonhomme n'en a plus pour très longtemps en thérapie.

Supervision

Le ton est manifestement à l'accalmie. Thomas donne l'impression d'être sur la voie d'accepter son statut d'enfant des parents.

Huitième séance

À son arrivée, Thomas se montre heureux de venir jouer. Il prend environ 15 minutes pour arrêter son choix parmi le matériel disponible. Puis il décide de prendre les soldats. Il y a des gentils et des méchants. Il dit que son ami Jacob et lui sont des gentils. Ils possèdent chacun une petite maison. Il met à l'envers tous les chars d'assaut, qu'il associe aux méchants. Il dit qu'ils sont tous morts, que ce sont des papas et des mamans méchants. Il ajoute que quelqu'un entre dans la maison de Jacob. Ce sont des méchants : « C'est papa et maman ». Ils se piquent sur la clôture barbelée. Il relate : « Jacob et moi, on veut tuer papa, pis maman. » Et il ajoute : « Maman a tué Jacob et moi, j'ai tué papa. »

F. : Est-ce que ça se pourrait que ton histoire se termine ainsi, car tu souhaites avoir maman comme amoureuse pour toi seul ?

T. : Oui... Maman veut pas que je lui donne un bisou sur la bouche, ni quand je vais être grand... ; elle dit que je vais me trouver une autre amoureuse.

On échange un peu là-dessus. Il me dit qu'il a remplacé Camille par une autre petite fille de sa classe qui s'appelle

Angélica (si j'ai bien compris le nom). Il dit que ce sera elle son amoureuse. Il serait donc passé d'Alycia à Camille et, finalement, à Angélica !

Commentaire

Je crois que Thomas manifeste clairement sa colère et sa déception face à sa prise de conscience de l'impossibilité de son dessein, après l'intervention de sa mère. Il continue d'espérer tout de même, puisqu'à la fin, lui et sa mère se retrouvent seuls après que son ami Jacob et papa aient été tués. Je crois que le processus avance très bien et que le suivi ne devrait plus être bien long. L'attitude ferme de la mère aide grandement.

Supervision

Le matériel est vraiment savoureux. La maman fait disparaître le Jacob (support identitaire) meurtrier du papa, c'est-à-dire qu'elle ne reçoit absolument pas positivement son désir d'écarter le papa et de le faire disparaître. La maman tient vraiment la ligne que tu lui as recommandée. Thomas en prend son parti : il cherche dans une autre direction. Cela ne devrait pas être trop long en effet. Quel cas magnifique!

Neuvième séance

Thomas est de bonne humeur. Il court à toute vitesse dans le corridor pour se rendre à la salle de thérapie. Une fois rendu à destination, il choisit le jeu des soldats. Il dit qu'il est derrière « les gentils ». Les soldats verts sont les méchants. Il précise que les méchants, c'est papa, maman et son frère Julien. Il décide de tuer tous les membres de sa famille. Il dit que la petite maison est à lui, ainsi que le drapeau et le char d'assaut. Il dit qu'il habite seul dans la maison.

F. : Est-ce que ça se pourrait Thomas que depuis que ta maman t'a dit qu'elle ne pouvait pas être ton amoureuse, tu te sentes en colère contre elle, et même contre papa et Julien ?

T. : Oui. Je vais avoir une autre amoureuse quand je serai grand.

Puis il dit que quelqu'un l'a tué, lui aussi. Ensuite, il précise que papa, maman et Julien sont devenus gentils. Lui aussi, il est gentil. Mais il y a des méchants qui veulent les tuer tous les quatre. La famille se réfugie dans la maison. Les méchants ne pourront pas les tuer. Mais voilà que les méchants font un trou dans la maison et qu'ils tirent sur les gentils. Il dit que lui et son frère sont morts, puis leur mère également. Par la suite, les méchants s'en vont dans leur propre maison (le château), et ce sera au tour des gentils de les attaquer.

T. : C'est moi qui vais attaquer tous les méchants. J'vais passer par le grenier pour entrer dans leur maison.

Il tue donc tous les méchants. Ensuite, il dit que papa et Julien habitent dans le château. Lui, il habite dans la maison.

Je lui demande où habite sa mère. Il dit qu'elle habite dans le château et lui, il habite seul. « Ils s'en viennent chez moi, précise-t-il. Ma mère m'a tué parce qu'elle pensait que c'était des méchants. Papa va tuer maman. J'vais lancer des boules de canon. »

F. : À qui ?

T. : À maman.

Et ensuite : « Maman et moi, on s'ennuie de Julien et de papa. Papa est mort. Le médecin le soigne avec du sirop aux raisins. » Il termine : « Là, c'est maman qui est morte et moi, je suis mort. »

F. : Puisqu'il ne reste que quelques minutes, Thomas, dis-moi comment se termine ton histoire.

Il utilise quatre chars d'assaut pour représenter chacun des membres de la famille. Il déclare : « On se suit (l'un derrière l'autre en file). On va dans le bois pour tuer les loups. »

F. : Est-ce que tu crois que vous allez réussir à les tuer ?

T. : Oui, on va tous les tuer.

Commentaire

Je trouve quand même assez particulière cette « tuerie générale », dirigée tantôt contre l'un, tantôt contre l'autre. Tout le monde finit par y passer. C'est certain qu'on voit bien que la mort n'est pas encore irréversible aux yeux du garçon, ce qui est normal à son âge. Lorsque je regarde le contenu du jeu dans son ensemble, je suis portée à penser qu'il est encore très en colère de devoir essuyer la défaite œdipienne. Il cherche donc à se venger sur les membres de sa famille. Toutefois, sa culpabilité le rattrape rapidement et je pense que le mouvement castrateur se manifeste avec force, et ce, à plusieurs reprises. Les attaques se tournent donc par moment contre son support identitaire. La capacité de ressentir de la culpabilité croît de manière sensible.

Supervision

Je suis tout à fait d'accord avec ta synthèse : il a trouvé difficile qu'on l'oblige à renoncer à son projet de conquête et il en éprouve encore une grande colère. Il reconnaît qu'il lui faudrait contrôler et faire disparaître cette colère (projetée sur les méchants). Il annonce que la maman habite le château avec le papa, alors que lui-même habite la maison à distance relative d'eux. Mais il y aura encore des conflits, annonce-t-il, s'il y a des rapprochements. Tout le monde va y goûter... La solution est d'avoir un ennemi commun à chasser : les loups, des êtres en dehors du milieu familial. Mais il se peut que ces derniers figurent les relents de son désir de victoire œdipienne. C'est la seule lecture que je puisse faire du matériel. Et elle va dans la même direction que la tienne.

Dixième séance

Pour son jeu symbolique d'aujourd'hui, Thomas choisit le château Playmobil et les soldats. Il annonce qu'il y aura des gentils et des méchants. Il dit que lui et ses amis se cachent dans le château pour que les méchants ne les voient pas. Il dit qu'il est à l'intérieur du château avec ses amis. « Je barre le château, car papa est méchant », précise-t-il. « Maman est gentille. Papa et maman sont gentils. Maman est en train de tuer Julien. Julien est en feu, il est mort. Il est mort pour toute la vie. »

F. : Est-ce que ça t'arrive, Thomas, d'être fâché contre ton frère Julien ?

T. : Oui. Julien fait battre mon cœur, car il veut détruire mon château. Ça, c'est mon parrain. Il est gentil.

Il affirme que papa et maman sont avec lui dans le château, car ils sont gentils. Il dit que papa a appelé quelqu'un pour tuer Julien. Il ajoute que son parrain, maman et Julien sont morts, mais pas lui. Ensuite, il dit que sa mamie l'a tué, qu'il a ensuite tué sa mamie, car elle voulait briser son char d'assaut et enfin, qu'il a tué le parrain de Julien.

F. : Ça t'arrive d'être fâché contre Julien ?

T. : Oui.

F. : Est-ce que ça te fâche quand maman s'occupe de Julien ?

T. : Oui. Quand maman s'occupe de Julien en premier, ça me fâche.

F. : Est-ce que ça se pourrait que tu aimerais parfois garder maman pour toi et que Julien ne soit pas là ?

T. : Oui.

F. : Est-ce que ça te fâche quand maman s'occupe de papa ?

T. : Oui.

F. : Est-ce que ça t'arrive encore de souhaiter que maman soit ton amoureuse ?

T. : J'vais avoir une autre amoureuse…, dit-il avec un ton et une expression trahissant le dépit.

F. : Tu le sais maintenant que maman ne peut pas être ton amoureuse et tu en es déçu et fâché ?

T. : Oui.

F. : Je crois que parfois tu es fâché contre papa, parfois contre maman et parfois aussi contre Julien.

T. : Oui.

F. : Est-ce que tu crois que tu vas être fâché encore longtemps ?

T. : Si maman veut être mon amoureuse, je ne serai plus fâché. Si elle veut pas, je vais rester fâché longtemps.

Thomas poursuit son jeu. Il prend un trésor et le dragon. Le dragon crache du feu sur la porte du château, mais celle-ci est en pierre. Il y fait un gros trou. Thomas dit que l'argent appartient aux gentils. Le dragon mange tout l'argent.

F. : Le dragon est-il en train de faire le vilain, car il est fâché ?

T. : Oui.

Je m'amuse à parler à la place du dragon : « Je vais me venger parce que je ne suis pas content. Vous ne me donnez pas ce que je veux alors, je brise tout votre argent ». Thomas est très amusé de cela.

F. : Comment se termine ton histoire ?

T. : Le papa tire sur le dragon.

Puis Thomas recommence à s'amuser à mettre l'argent dans la bouche du dragon.

Commentaire

Thomas est fâché et déçu. Il se profile derrière les méchants. Il a un désir de vengeance. Il comprend que son projet œdipien ne pourra se réaliser, mais on peut voir qu'il garde un mince espoir que sa mère puisse changer d'idée. Aussi, je crois qu'il manifeste par moments une angoisse de punition, particulièrement lorsque certains personnages tentent de tuer son support identitaire. Il sait maintenant que ce n'est pas bien de vouloir sa maman comme amoureuse, puisque c'est quelque chose d'interdit. La maman dit que ça va très bien avec Thomas à la maison. Il est gentil et il a de bons comportements. Ça va bien à la garderie également. Je remarque qu'il interagit plus avec moi. Il décrit davantage ses scènes et il m'interpelle par mon prénom, ce qu'il ne faisait pas auparavant. Je crois que lorsqu'il aura liquidé sa déception et sa colère, nous pourrons fermer la thérapie.

Supervision

Je n'ai vraiment rien à ajouter à ton analyse. Il est probable qu'il se comporte à l'endroit de Julien comme s'il pensait que celui-ci pourrait avoir de la mère ce qui lui a été refusé. Il lui est plus facile de manifester sa colère à l'endroit de son frère que de son père, car les sentiments positifs sont moins forts. En tout cas, j'ai souri tout au long de la lecture de ton rapport. Tu as mené le travail d'interprétation de main de maître.

Onzième séance

Thomas arrive en forme et de bonne humeur. Toutefois, je remarque qu'il semble moins engagé dans le jeu. Ses allégories contiennent moins d'action et sont réalisées avec moins d'ardeur. Il est davantage porté à manipuler le matériel qu'à proposer une histoire. Il ne répond pas vraiment à mes questions. Il quitte le local en cours de jeu pour aller à la salle de bain et il prend bien son temps en marchant dans le corridor.

Jeu de l'enfant

Il choisit les soldats, le coffre-fort, le coffre aux trésors, le dragon et le château. Les gentils affrontent les méchants. Il dit qu'il est un gentil. Le méchant, c'est l'avion, et le dragon est l'ami de l'avion. Le château, c'est la maison des gentils. Ceux-ci s'y cachent. Thomas s'amuse à remplir la bouche du dragon d'argent et d'or. Il manipule longuement le dragon. Il dit que le dragon a fait un trou dans le mur du château. Le dragon se fait tirer et il tombe à la renverse. Ensuite, il mange le lingot d'or. Thomas dit que l'argent, c'est des biscuits et le lingot, c'est du chocolat. Il confie : « Moi, j'ai vu le dragon. Je peux mettre mes ailes pour aller le rejoindre. Il faut que je le cherche dans l'arbre. Si je le trouve, je vais le tuer. » Il tire le dragon de nouveau et, ensuite, il lui remet de l'argent dans la bouche. Il dit qu'il fait un gâteau pour le dragon, précisant que ce sont les gentils qui font le gâteau.

F. : Les gentils ne sont donc plus en chicane avec le dragon ?

T. : Non, c'est les pirates maintenant qui sont en chicane avec lui.

F. : Alors, les gentils ne sont plus fâchés contre le dragon ?

T. : Non. Mais moi, je suis encore fâché parce que maman ne veut pas être mon amoureuse. J'ai voulu donner un bisou sur la bouche à papa, mais il ne voulait pas.

F. : Est-ce que tu crois que tu vas être fâché encore longtemps ?

T. : Oui, jusqu'au printemps. J'vais être content quand ça va être le printemps. Hier, c'était le printemps. J'ai mis mes bottes de printemps.

Commentaire

Je crois qu'il digère tranquillement sa déception. Aujourd'hui, il exprime encore de la colère. On retrouve également l'angoisse de castration derrière la peur que le dragon ne fasse mal aux gentils. Toutefois, je trouve positif le fait qu'à la fin, les gentils donnent un gâteau au dragon. De plus, nous ne retrouvons plus la « tuerie générale » des rencontres précédentes. Thomas semble se désinvestir du jeu, l'ardeur d'avant n'y étant manifestement plus. Il cherche à sortir du local. La maman dit qu'il n'y a aucun problème à la maison. Le printemps est arrivé selon lui... Je le revois dans deux semaines.

Supervision

L'agressivité à l'endroit du père est encore présente, mais il reconnaît sa défaite. Excellente lecture de ta part et très bonne décision de le voir toutes les deux semaines désormais.

Douzième séance

Thomas parle beaucoup de son père en début d'entrevue. Il raconte que l'autre jour, il est allé travailler avec lui. Il raconte également qu'ils ont une nouvelle voiture « qui va plus vite », qui est plus grosse et qu'avec elle, son papa est capable de dépasser les autres voitures.

Tout au long de la séance, Thomas se montre plutôt silencieux. Je dois le questionner à plusieurs reprises pour comprendre le sens de son histoire. Il ne répond pas ; je dois insister et, visiblement, cela l'irrite.

Jeu de l'enfant

Il y a des gentils et des méchants. Lui, il dit qu'il est un gentil. Il met les méchants dans la fourgonnette de police et il met l'argent du coffre aux trésors dans la fourgonnette, avec les méchants. Il dit qu'ils sont mis en prison et qu'ils vont manger des citrouilles empoisonnées. Il met un bébé dans un lit de verre et il dit que c'est à l'un des gentils. Un gentil prend une épée qui se trouvait également dans le lit de verre et il veut aller combattre les méchants. Les méchants ont été mis en prison parce qu'ils voulaient attaquer les gentils. Après insistance de ma part pour connaître la fin, il dit que les gentils vont combattre les méchants. Lorsque je lui demande ce qui va arriver quant à l'argent, il dit que les méchants vont le garder.

Puis il prend le bateau de pirates. Les pirates sont gentils, mais Capitaine Crochet est un méchant. Les gentils veulent l'arrêter, car il a abîmé le bateau. Il y a Jack, un gentil. Jack et Capitaine Crochet ne s'aiment pas. Je n'arrive pas à connaître la fin. Pour seule réponse à mes questions, j'obtiens de grands soupirs.

F. : Est-ce que ça t'arrive encore Thomas de penser que tu aimerais avoir maman pour amoureuse ?

T. : J'vais avoir une autre amoureuse.

F. : Qui auras-tu ?

T. : J'sais pas.

Il se met à parler sur un ton fâché.

F. : Est-ce que ça t'arrive d'être fâché contre papa ?

T. : Oui.

F. : Il t'arrive d'être fâché contre papa, car c'est lui qui a maman pour amoureuse ?

T. : Oui.

F. : En même temps, je pense que tu aimes beaucoup ton papa et que tu aimes passer du temps avec lui, même si parfois tu es fâché contre lui ?

T. : Oui.

Commentaire

Thomas demeure en phase de renoncement, en ce sens que cela semble demeurer clair pour lui que sa mère est à son père. Toutefois, il est toujours en colère et le mouvement castrateur se fait encore sentir. Fait intéressant, Thomas recherche beaucoup la présence de son père, nous rapporte la mère. Monsieur travaille beaucoup, mais il fait attention de se garder des moments privilégiés avec son fils. Le mouvement d'identification au père s'intensifie donc. Je le revois dans deux semaines.

Supervision

Il a encore de la rancœur à la suite de sa défaite, mais tout se tasse tranquillement. C'est très prometteur qu'il se rapproche de son papa et qu'il passe du bon temps avec lui. À plus ou moins court terme, les sentiments positifs à l'endroit du père vont finir par l'emporter tout à fait. C'est une fin de thérapie assez classique en somme.

Treizième séance

Échange avec la mère

Thomas continue d'aller bien à la maison. Il n'y a pas de problème particulier. À la garderie, les choses vont bien aussi. La mère dit qu'en raison circonstances inhabituelles, Thomas a dormi trois nuits seul avec elle. Par la suite, il est retourné dormir dans son lit. Il peut arriver à Thomas de dire qu'il ne veut pas aller à la garderie, sa mère étant à la maison. Cherche-t-il à rester seul avec elle ? Madame croit que oui. Toutefois, elle l'envoie à la garderie sans hésiter.

Jeu de l'enfant

C'est une course entre deux personnages : Jake, 5 ans, et Miguel, 4 ans. C'est Jake qui gagne.

Une deuxième course débute avec les mêmes personnages. S'ajoute à eux une troisième concurrente, Alycia, 5 ans. Celle-ci arrive première, Jake est deuxième et Miguel est troisième. Les noms choisis sont ceux d'enfants fréquentant la même garderie que Thomas.

F. : Est-ce que tu te souviens, Thomas, que par le passé, il t'arrivait parfois de penser que tu aimerais avoir maman pour amoureuse ?

T. : Je ne serai jamais son amoureux de toute la vie.

Et, après un moment de silence : « J'ai donné un bisou à papa sur la bouche. »

F. : Est-ce qu'il t'arrive encore parfois d'être fâché contre papa parce que lui, il peut avoir maman pour amoureuse ?

T. : Oui.

F. : Tu es fâché beaucoup ou un peu ?

T. : Un petit peu.

F. : Qu'est-ce que tu vas faire à présent ?

T. : En trouver une de mon âge.

F. : Est-ce que tu en as trouvé une ?

T. : Non, quand je serai grand.

Puis il va chercher le bateau de pirates. Il dit que les pirates s'en vont chercher un trésor. Une maison se trouve devant eux. Ils veulent tirer des boulets de canon sur la maison, car il y a un trésor dedans. C'est la maison d'Alycia et de Jake. Le trésor leur appartient et les pirates veulent l'obtenir. Les murs de la maison sont en brique. C'est donc difficile de parvenir à faire un trou dedans. Toutefois, le toit est en bois. À force de tirer des projectiles de plus en plus gros, les pirates parviennent à percer le toit de la maison.

F. : Toi, qui es-tu dans l'histoire ?

T. : Un pirate.

Il précise que les pirates veulent capturer Jake. Ils parviennent à voler le trésor et ils garderont les sous pour eux. Ensuite, ils se rendront à la maison de Noam pour lui voler ses sous et, ensuite, ils feront la même chose à Mathis.

Commentaire

Je crois que Jake et Alycia personnifient les parents. S'ils gagnent la course en début de séance, il semble toutefois que mon interprétation ait réveillé la colère restante à l'endroit des parents, particulièrement à l'endroit du père. Thomas se met donc dans le rôle des pirates et cherche à s'approprier le trésor. Je suis toutefois surprise de la fin de l'histoire puisqu'il s'approprie effectivement le trésor et qu'il le conserve. Il en rajoute même en allant piller d'autres maisons. Je me demande si cela n'est pas une conséquence du fait qu'il a dormi trois nuits avec la mère... J'ai rappelé à celle-ci l'importance de maintenir les recommandations afin d'éviter qu'un recul ne survienne dans le processus. Elle a bien compris cela et elle m'assure qu'elle poursuivra rigoureusement l'application des recommandations. Je revois le garçon dans un mois et, si tout va bien, ce sera ma dernière séance avec lui.

Superviseur

J'hésite à voir les parents derrière Alycia et Jake, car ces noms sont ceux d'enfants de sa garderie. J'ai plutôt tendance à penser que l'affrontement s'est désormais déplacé sur des enfants de sa génération. Pourquoi ? Les problèmes comportementaux de jadis n'ont pas refait surface. Quoi qu'il en soit, tu as drôlement bien fait de rappeler madame à l'ordre en lui disant combien il est important qu'elle n'accueille pas son fils dans son lit, surtout en l'absence de son mari. Un tel relâchement peut relancer la quête œdipienne et les problèmes qui s'ensuivent.

Quatorzième séance

Bref échange avec la mère

Un mois après la séance précédente, la situation se maintient à la maison et madame ne relève pas de problème particulier. Le garçon va bien à la garderie également. Madame ne constate pas de sollicitations particulières en lien avec l'œdipe. Thomas lui dit qu'il a une amoureuse à la garderie. Le petit voisin de l'appartement au-dessus semble avoir une mauvaise influence sur lui, car il s'agit d'un enfant difficile. Quand Thomas se trouve avec lui, il peut avoir tendance à moins bien se comporter.

Jeu de l'enfant

Le trésor est dans la prison. Les méchants pirates veulent le trésor. Les gentils policiers viennent chercher celui-ci et le mettent dans le coffre de leur voiture. Thomas va chercher de l'argent. Il dit que les policiers vont avoir « tous les argents ». Il dit que lui, il fait partie des policiers.

F. : Qu'en pensent les méchants pirates que les policiers aient le trésor ?

T. : Ils vont essayer de leur voler le trésor.

F. : Où s'en vont les policiers avec le trésor ?

Il prend le poste de police et une policière. Le poste est la maison de la policière. Le policier arrive, prend tout l'argent, ainsi que le trésor, et les dépose dans la prison du poste. Il place son personnage tout près de la policière. On pourrait presque penser qu'il l'enlace. Je lui demande qui ils sont l'un pour l'autre. Des amis, des amoureux, etc. ? Il dit qu'ils sont des amoureux. Le bateau de pirates s'approche. Thomas met deux des trois pirates dans la prison du poste. Il précise que c'est le policier qui les a mis là. Le policier lance une lettre empoisonnée dans la prison. Puis il part faire des commissions avec son auto. Il s'en va voir des pompiers en attendant. Ensuite, Thomas dit qu'« il y a le feu au parc et que la fille s'est noyée ». Les pompiers arrivent à la maison. Thomas prend la fille et la couche dans le camion de pompiers. Le camion s'en va. Il va rapidement, car il y a un feu là-bas. Puis Thomas revient à la fourgonnette de police dans laquelle se trouvent des méchants. Il stationne la fourgonnette de police juste à côté du camion de pompier dans lequel se trouvent les gentils. Ils font une course et ce sont les gentils qui sont les plus rapides. Par la suite, la fourgonnette de police dépassera le camion de pompiers. À la fin, l'argent et le trésor seront aux pompiers.

Je lui demande s'il lui arrive encore de penser qu'il aimerait avoir maman pour amoureuse. Il me répond que non, car il s'est trouvé une blonde, mais il ne veut pas me dire qui elle est. Je lui repose la question autrement et il s'ensuit une longue période de silence au terme de laquelle il refuse de me répondre. Il semble absorbé dans ses pensées.

T. : Hier, j'ai donné un bisou sur la bouche à papa et il voulait.

Commentaire

Tout au long de la séance, il semble se profiler derrière les gentils (policiers et pompiers). Il semble donc s'approprier l'objet de l'affrontement, soit l'argent et le trésor, et le garder jusqu'à la fin. La policière paraît représenter la figure maternelle. Le père semble se profiler derrière les méchants pirates. L'angoisse de castration (ou l'interdiction) s'exprime ensuite par un incendie et la noyade de la policière. Lorsque j'analyse son jeu, j'ai l'impression qu'il est encore dans la tourmente œdipienne, ce qui ne va pas avec le contenu des séances précédentes. Si je me fie à ce que la mère me dit, son œdipe serait réglé. Comme je n'étais plus certaine, j'ai décidé de le revoir dans un mois.

Superviseur

Il est fort possible que tu sois la blonde qu'il dit avoir (il pourrait voir ta fonction comme si elle en était une de contrôle de ses envies œdipiennes, d'où le choix de la policière), les méchants étant ton mari présumé. Dans cette hypothèse, il ne serait pas étonnant qu'il ait refusé de nommer qui était sa blonde! En tout cas, c'est une hypothèse qui permettrait d'expliquer pourquoi il ne pose plus de problème à la maison. Toutefois, même si on comprend l'allégorie comme si elle impliquait le couple parental, le père pourrait se profiler derrière les pirates et également derrière les pompiers. N'oublie pas qu'il conclut en concédant l'argent et le trésor aux pompiers. Il avait également confié la fille noyée à ces derniers. Je pense que les choses continuent de bien aller, son renoncement à la mère se maintenant. Il interprète le fait que son papa lui a donné un bisou sur la bouche comme le signe qu'il ne lui tient pas rigueur suite au fait qu'il a voulu l'évincer dans le cœur de la mère.

Quinzième séance

Je revois Thomas en suivi, après presque 2 mois. J'ai parlé à sa mère au téléphone avant la séance. Elle m'informe que ça va très bien avec Thomas. Elle me dit qu'il a essayé une seule fois d'enfreindre les limites de son intimité, en tentant d'entrer dans la salle de bain alors qu'elle sortait de la douche. Le père est intervenu aussitôt pour clarifier les choses avec lui et ce comportement n'est pas réapparu par la suite.

Thomas est informé par sa mère que c'est notre dernière rencontre aujourd'hui. Il se présente souriant et énergique. Il court à toute vitesse dans le corridor. Il semble vouloir démontrer ce dont il est capable. En entrant, il se met aussitôt à jouer.

Jeu de l'enfant

Thomas dit que les policiers habitent dans le château. Il y dépose une valise. Il a placé une figurine de police dans la voiture de police. Il y a un pilote d'auto dans la voiture rouge. Cette voiture rouge s'en va. Elle roule...

F. : Où s'en va-t-il [le pilote] ?

T. : À Montréal. Il veut aller à l'épicerie. Il attend la police. La police ferme la porte du château et la barre pour que les voleurs n'aillent pas voler les choses.

Il précise que les deux voitures (la rouge et celle de la police) s'en vont à Montréal. Le soir venu, tout le monde entre dans le château, y compris le conducteur de la voiture rouge.

Thomas parle d'une figurine masculine : « C'est le matin, il change d'auto (il prend le camion rouge, plutôt que la voiture rouge). Il s'en va dans l'entrepôt chercher des piles... (les clignotants de la fourgonnette ne s'allument plus). Les garçons sont dans le camion. Ils vont aller chercher des piles et aller chercher du gaz après. »

Thomas a mis deux personnages dans la fourgonnette de police (un homme et une femme). Je lui demande qui ils sont. Il ne répond pas. Je lui demande si ce sont les parents des garçons. Il répond par l'affirmative.

T. : Là, ils [les garçons du camion rouge] sont rendus au McDo. La fille embarque dans le camion [il s'agit d'une figurine féminine].

Je lui annonce que la séance achève. Je lui demande comment se terminera l'histoire. Il ne répond pas. Il choisit plutôt d'aller dessiner au tableau. Il dit qu'il dessine des Transformers. Je lui explique que c'est la dernière fois que nous nous voyons, car j'ai l'impression qu'il va très bien. Je lui dis à quel point je trouve qu'il devient un grand garçon et que son langage s'est beaucoup amélioré (il achève son suivi en orthophonie). Je lui demande s'il est d'accord quant au fait de cesser de venir ici. Il me dit que oui. Nous parlons un peu du fait qu'il fera son entrée à la maternelle en septembre. Puis il s'en va avec sa mère.

Commentaire

Je le vois derrière le pilote d'auto de la voiture rouge, derrière le voleur potentiel qui pourrait vouloir prendre les choses du policier, et également derrière l'un des garçons dans le camion rouge. L'autre garçon pourrait être son frère, à moins qu'il ne soit qu'une doublure du précédent. Je crois que le premier policier représente le père qui possède le château ainsi que le coffre et qui bloque l'accès au château à un éventuel voleur (Thomas lui-même). Le couple de policier/policière dans la fourgonnette représente vraisemblablement le couple parental. On peut voir que son support identitaire a le statut d'un grand capable d'autonomie, capable d'aller à l'épicerie, de faire

faire le plein d'essence de sa voiture et d'aller acheter des piles. Il n'essaie pas de forcer la porte du château. Il est admis dans celui-ci la nuit venue. Cependant, il ne dérange aucunement le couple parental. Son support identitaire semble faire sa vie indépendamment des parents. La fille qui entre dans le camion rouge à la fin de l'histoire pourrait représenter une amoureuse de sa génération. Il n'y avait donc pas de conflit perceptible dans cette scène de jeu. Thomas semble serein et paisible. C'est un cas qui me permet de constater à quel point il est facile de mener une thérapie par le jeu lorsque les parents acceptent la perspective dynamique et qu'ils appliquent les recommandations sans hésitation, ni ambiguïté. Voilà un enfant prêt à entrer en maternelle ! Merci encore de votre accompagnement dans ce dossier.

Superviseur

Quel magnifique matériel ! Cet enfant nous aura émerveillés jusqu'au bout. La maîtrise dont tu fais preuve dans le décodage de cette allégorie est vraiment épatante. Je n'ai pratiquement rien à ajouter à ta lecture. Elle correspond tout à fait à celle qui se déroulait en moi au fur et à mesure que je prenais connaissance du matériel.

Suivi post-thérapie

J'ai rappelé la maman pour avoir des nouvelles de l'évolution de Thomas six mois après la fin de la thérapie et quelques mois après son entrée à la maternelle. Madame raconte que Thomas s'est très bien adapté à son nouvel environnement. Il aime l'école et il y a des amis. La mère a même constaté qu'il semblait populaire auprès des enfants de son âge. Il est toujours suivi par l'orthophoniste et celle-ci trouve que son langage est en constante évolution. Il s'est montré facilement distrait en début d'année, mais selon madame cela tend à rentrer dans l'ordre actuellement.

À la maison, ça va bien avec Thomas. Il n'y a aucun problème à vrai dire. Il y a parfois des petits conflits entre les deux frères, mais pas plus que la normale selon madame. Elle semble rayonnante et satisfaite du fonctionnement de son fils.

Commentaire du superviseur sur l'ensemble de la psychothérapie

La psychothérapie de Thomas aura été somme toute d'une teneur assez classique. Deux particularités peuvent tout de même être relevées. La première concerne la forte résistance de l'enfant au renoncement à la figure maternelle aimée (en tant que véritable amoureuse). Même après les mises au point répétées de la maman, en effet, Thomas aura conservé pendant plusieurs semaines la conviction que si ce projet de conquête battait de l'aile dans l'immédiat, les choses allaient finir par changer favorablement, et la maman, par céder à son désir. Les mises au point supplémentaires entendues de celle-ci au sujet du caractère vain de cette perspective n'arrivaient pas non plus à convaincre l'enfant de renoncer complètement. Pendant plusieurs semaines, il s'est accroché à cet espoir comme un naufragé désespéré s'accroche à une épave.

La seconde particularité se rapporte à la force de la réaction de dépit... Celle-ci est apparue sous la forme de ce que, France, tu as appelé « une tuerie générale ». Je me suis amusé en lisant ton expression et peut-être un peu aussi en te voyant déconcertée ou, à tout le moins, un peu inquiète. Je pense toujours dans de telles circonstances qu'il ne faut pas accorder trop d'importance à la manière dont la rancœur s'exprime. Celle-ci ne témoigne que de l'intensité de la déception de l'œdipien frustré. L'équilibre atteint par l'enfant et les ressources qu'il a acquises avant ce point de son développement l'empêchent de passer à l'acte dans le réel, en tout cas, pas du tout au niveau de ce qui apparaît dans l'expression de la pensée symbolique. On peut dire la même chose des amoureux adultes éconduits : ceux qui tuent leur ex-amoureuse ou le rival victorieux ne sont pas œdipiens (ou à fonctionnement névrotique), loin de là.

Un point supplémentaire mérite d'être souligné. Il concerne le rôle que se trouve à jouer le papa à partir du moment où il est devenu clair aux yeux de l'enfant que son projet de conquête doit être abandonné. Le papa, qui se montre plus disponible pour son garçon (et ainsi en va-t-il de la maman pour sa fille), facilite grandement chez son fils l'acceptation « de passer à autre chose », pour emprunter une expression courante. D'abord, en retrouvant « son papa des meilleurs jours », le garçon se sent réconforté que celui-ci ne lui tienne aucunement rigueur d'avoir voulu le supplanter dans le cœur de la mère. Il se sent rassuré de constater qu'il n'a pas à craindre de vengeance de sa part. Ce rapprochement avec le père a pour effet d'accentuer le mouvement identificatoire. Dans la tradition psychanalytique, il est souvent fait référence à ce phénomène qui accompagne la résolution de la conflictuelle œdipienne ; pour le présenter, on prête au garçon les propos suivant : « Je vais devenir comme papa pour marier quelqu'un comme maman ». Les deux autres études de cas concernant des garçons devraient nous fournir d'autres exemples de ce mouvement identificatoire. Il sera intéressant de vérifier si et comment ce passage est franchi par Agathe, notre seul cas féminin dans cet ouvrage.

Chapitre deuxième

Agathe

Âge : 4 ans et 10 mois au début de la thérapie.

Motif de consultation : elle refuse de s'alimenter à la suite d'un étouffement.

Agathe s'est étouffée chez sa grand-mère durant la période de Fêtes. Elle a eu un second épisode d'étouffement chez ses parents plus tard, mais apparemment moins sérieux. Le 6 janvier, elle est retournée chez sa grand-mère pour la première fois depuis l'événement et elle a eu une réaction de panique. Elle avait de la difficulté à respirer, se raclait la gorge et disait y avoir mal. Ses lèvres sont devenues bleues et son pouls, très élevé. Elle a été transportée à l'hôpital en ambulance ; il s'est avéré qu'elle n'avait rien dans la gorge. Depuis cet incident, la petite refuse de manger des aliments solides. Elle n'accepte que le jus, le lait ordinaire et le lait au chocolat. Les parents sont très inquiets ; ils ont essayé toutes sortes de stratégies sans succès. Une psychologue du CSSS est allée au domicile pendant la période des Fêtes pour intervenir auprès de l'enfant, mais le problème a persisté.

Sur le plan développemental, aucune particularité n'est à signaler sinon que la fillette a dû être suivie en orthophonie pour des difficultés de langage. Selon la mère, Agathe est difficile à suivre dans ses jeux, car dans ses histoires, elle passe du coq à l'âne ; elle a de la difficulté à organiser ses idées et à « les mettre dans un contexte », dit sa mère. En séance, elle butine d'un jeu à l'autre, mais elle est manifestement capable de composer des histoires. Il n'est effectivement pas toujours facile de la suivre à cause de son ton de voix (très bas).

La famille ne semble pas présenter de difficulté particulière. Je n'ai pas eu le temps de rencontrer les parents en personne avant de recevoir la fillette. J'ai recueilli par téléphone les quelques informations évoquées ci-dessus et ci-après. Agathe a un frère de 7 ans, Émile. Le père dit que celui-ci est pour Agathe le membre de la famille le plus important à la maison. Elle cherche beaucoup à faire comme lui. Émile a d'ailleurs tenté d'aider sa sœur à manger, mais sans succès. Dans la dynamique familiale, le père passe plus de temps avec son fils ; ainsi en est-il de la mère avec sa fille. Agathe est décrite comme une enfant qui demande moins que son frère. C'est pour quoi ce dernier reçoit plus d'attention.

J'ai reçu l'enfant en urgence et je l'ai revue deux jours plus tard. Elle refuse toujours de s'alimenter. Je la revois sous peu.

Première séance

Agathe s'intéresse immédiatement aux jeux et arrête son choix sur le château Playmobil. Je l'observe et lui pose des questions au fur et à mesure qu'elle organise son jeu. Elle met en scène une princesse et une reine. Elles sont emprisonnées, car la reine n'a pas écouté les consignes. Un amoureux va les délivrer, mais la princesse n'acceptera jamais de l'épouser, car elle ne le peut pas. Il y a un méchant dragon, le dragon du méchant roi. Parfois, le dragon est gentil. Je n'arrive pas à comprendre tout ce que dit Agathe, car elle parle tout bas et refuse de répéter. Elle ne veut pas répondre à mes questions et elle quitte la table pour s'intéresser à autre chose. À un moment donné, elle me demande de m'éloigner, car je dois la laisser jouer. Je me tiens donc en retrait. Elle parle beaucoup de punition dans son jeu. Elle découvre le toutou « bébé Minnie, la souris ». Elle dit : « Minnie a des ennuis... Mais ouf ! Y'a pas d'ambulance ». Je lui demande quels sont ses ennuis. Elle dit qu'elle n'est pas capable de manger, qu'elle s'est étouffée. Je lui demande si elle veut que nous aidions Minnie. Elle dit oui. Nous l'aidons à s'alimenter en lui expliquant quoi faire pour ne pas s'étouffer. Agathe m'assiste et fait parler la souris. Minnie réussit à manger un hot-dog. Elle dit que ça fait du bien.

La fillette s'intéresse ensuite à la petite maison et aux personnages d'une famille. Il y a une petite fille appelée Anna. Celle-ci aussi a des problèmes. Elle a peur de s'étouffer. On s'occupe d'Anna également et Anna raconte comment elle a eu peur lorsqu'elle s'est étouffée. À la fin de la rencontre, Agathe ne veut plus partir. Elle veut continuer de jouer. Elle met du temps à se laisser convaincre de mettre son manteau.

Supervision

La supervision aura lieu après la deuxième séance, France m'ayant fait parvenir à ce moment-là les données d'anamnèse et le contenu des deux premières séances.

Deuxième séance

Agathe va voir Minnie la souris, en arrivant.

A. : C'est Minnie !

F. : Comment va-t-elle ?

A. : Elle va bien, mais elle a perdu son toutou.

Elle le lui donne.

F. : A-t-elle encore des ennuis ?

A. : Non, c'est son frère...

F. : Où est son frère ?

Elle cherche dans le local quel personnage elle pourrait prendre et elle arrête son choix sur un toutou singe. Elle dit que le toutou s'appelle Thomas et qu'il a des ennuis, car il s'est étouffé trois fois. Puis elle va vers l'étagère et prend les éléments du « Pet Shop », la maison et les personnages de la famille. Elle explore le matériel puis elle se dirige vers le tableau pour dessiner. Elle dessine un bonhomme têtard avec de longs cheveux. Elle dit : « C'est moi. » Puis elle dessine une sorte de spirale et prolonge son trait de façon à encercler le bonhomme. « C'est un cercle de pouvoir »... Elle dessine à gauche du personnage, à la hauteur du visage, un gros point noir qu'elle encercle d'une forme ovale. « C'est une pilule », dit-elle. Elle refuse d'en dire plus et retourne aux jouets déjà utilisés. Elle ajoute le château Playmobil. Elle me donne la reine et me dit que c'est la mère. Elle prend la princesse. La reine et la princesse, sa fille, doivent se protéger des chevaliers méchants. Elles utilisent une catapulte pour lancer du feu. Un chevalier gentil arrive. Il va combattre le chevalier méchant et ainsi sauver la princesse et la reine. Il y a un méchant dragon qui va tenter d'attaquer la mère à plusieurs reprises, mais la fille va lui tendre des pièges afin de sauver celle-ci. Le dragon se met à voler et à terroriser tout ce qui se trouve dans la salle de thérapie. On cherche à l'arrêter. Finalement, Agathe va utiliser du ruban adhésif pour lui coller la bouche, les ailes, les pattes.

Il se retrouve cloué au bureau, entièrement collé. Elle le fait parler. Il s'excuse et dit qu'il ne recommencera plus et qu'il deviendra gentil. Agathe se demande comment il peut être gentil puisqu'il crache du feu. Je lui propose d'utiliser son feu pour réchauffer les gens qui ont froid. Elle trouve l'idée bonne. Minnie a froid. Le dragon la réchauffe à l'aide de son feu.

Je lui demande si ça se peut que des fois, elle se sente vilaine comme le dragon et qu'elle pense qu'elle sera punie. Elle dit non. Je lui repose la question un peu plus tard ; elle répond encore non. Je lui demande si elle pense que lorsqu'elle s'est étouffée, c'était comme une punition. Elle dit non. L'échange est terminé. Il y a des jouets partout et Agathe ne veut pas partir. Il se passe un certain temps avant qu'elle accepte de partir.

Commentaire

Je crois qu'Agathe est en œdipe et qu'elle a interprété l'étouffement comme une punition qui lui a été infligée, car elle a été vilaine de désirer son père pour amoureux et de vouloir éloigner sa mère. Je crois que dans ses jeux, elle met en scène, d'une part, le côté d'elle qu'elle perçoit comme vilain, méchant, côté qui doit être puni ou qui risque d'être puni et, d'autre part, son bon côté qui veut faire le bien et ainsi atténuer sa culpabilité d'avoir été méchante. Tout va bien avec elle en thérapie jusqu'à maintenant. Ce qui m'inquiète, c'est le temps... puisqu'elle ne mange pas. Je sais que l'on ne peut précipiter le rythme d'un processus, mais j'ai le sentiment que je ne peux pas prendre mon temps comme pour mes autres cas. Avez-vous des idées ou des suggestions pour m'aider ? J'ai vraiment besoin de votre aide.

Supervision

Je suis assez certain que ton hypothèse est la bonne. C'est celle que je retiens bien volontiers en tout cas. Le dragon est la projection d'elle-même avec son désir de voir la mère disparaître. Je pense que ta question sur son côté vilain et sur le fait qu'elle peut penser en être punie était peut-être prématurée. Je te conseille d'aller plus directement avec : « Se pourrait-il, Agathe, que des fois tu sentes que tu aimes tellement ton papa que tu voudrais devenir son amoureuse ? » Suggère discrètement aux parents de lui servir des potages pour l'instant avec, si elle l'accepte, quelques morceaux de viande finement tranchés. L'important est de ne pas la brusquer et de ne pas se montrer inquiet. J'ai déjà rencontré un cas tout à fait semblable, œdipien également, et il s'est résolu rapidement.

Contact avec les parents

Agathe a recommencé à manger par périodes, mais la situation est instable. Elle démontre encore clairement des signes d'anxiété face à la crainte de s'étouffer. Parfois, pendant le repas, les parents observent qu'elle devient mal en mangeant et qu'elle retire de la nourriture de sa bouche. Les parents restent calmes et feignent de ne rien voir. Lorsqu'elle leur dit : « Tout va bien, hein maman ? », sa mère lui répond par l'affirmative.

La mère est très anxieuse au sujet de la situation de sa fille. Elle intervenait beaucoup à la maison sur la nourriture, essayant différentes stratégies pour la faire manger, devenant de plus en plus mal, à en pleurer en fait, et allant jusqu'à penser à un arrêt de travail pour cause de maladie. Voyant cela, j'ai convoqué d'urgence les deux parents. Je leur ai confirmé que leur fille avait vécu une situation traumatisante et que c'était là la source du problème. Je leur ai expliqué également qu'elle était dans son conflit œdipien et qu'elle se servait de la situation pour torturer sa mère (la petite a récemment dit à sa mère en la regardant dans les yeux et en pesant ses paroles : « Moi, je ne mangerai plus jamais »). Les parents disent qu'Agathe n'est pas du tout proche de son père. L'un et l'autre passent très peu de temps ensemble. D'après eux, il ne semble y avoir aucune manifestation œdipienne à l'endroit du père. Cependant, Agathe dit que son frère Émile, 7 ans, est son amoureux, qu'elle l'aime et qu'il est son prince. Elle veut qu'il lui fasse des « collades » et des câlins. Elle va s'asseoir près de lui sur le divan et elle lui donne tout ce qu'il veut. Il y a quelque temps, elle s'est mise nue devant lui et voulait qu'il regarde sa vulve. Les parents me demandent s'il est possible qu'elle soit en œdipe avec son frère.

Une donnée peut expliquer l'anxiété de la mère par rapport au problème de sa fillette : elle s'est elle-même déjà étouffée et elle garde une crainte de s'étouffer à nouveau. Il est probable qu'Agathe s'en soit rendu compte. Le père s'occupe du bain de sa fille. J'ai donc recommandé aux parents d'inverser les rôles : que le père s'occupe de l'alimentation et que la mère s'occupe de l'heure du bain. Je leur conseille de reprendre un encadrement mesuré et une attitude normale, c'est-à-dire cesser de donner à la fillette toutes les gâteries qu'elle demande sous prétexte qu'elle doit manger quelque chose. Je leur recommande donc revenir à des heures régulières de repas et à des collations santé. J'ai demandé au père de s'investir davantage auprès de sa fille en passant des moments plaisants avec elle, en faisant des activités qu'elle aime, afin de créer un lien plus manifeste, tout en se gardant d'attitudes de séduction.

Troisième séance

Jeu de l'enfant

Château, reine et princesse Playmobil

Agathe prend la princesse et elle me donne la reine. Elle dit que la princesse est la fille de la reine. La reine se fait attaquer et frapper. La fille va tendre des pièges pour la sauver. Deux « chevalières » vont emprisonner les méchants chevaliers qui cherchent à s'attaquer à la reine. Un dragon arrive et cherche à terroriser la reine. La reine doit l'attraper, mais il se sauve. Agathe court partout dans le local et ricane, amusée du fait que la reine ne parvient pas à attraper le dragon. Puis elle décide de faire celui-ci prisonnier en le collant sur le bureau avec du ruban adhésif. Une fois prisonnier, le dragon s'excuse et devient gentil. Par la suite, la reine devra tenter d'attraper plusieurs personnages qui feront leur apparition à tour de rôle, mais elle ne réussira jamais...

Pet Shop

Agathe propose que je tienne le rôle d'une petite coccinelle qui s'appelle Kathleen. Celle-ci est rejetée des autres animaux. Elle n'a pas le droit de faire du camping avec les autres. Elle n'a pas le droit d'avoir du jus. Elle doit s'en aller chez elle. Agathe joue le personnage du chat. Le personnage de Kathleen dit au chat : « Est-ce que ça se pourrait que tu aimes tellement ton papa que tu souhaiterais qu'il soit ton amoureux? »

A. : Non, eurk ! L'amour, c'est eurk !

F. : Et ton frère, tu souhaiterais qu'il soit ton amoureux ?

A. : Non, eurk !

Commentaire

Agathe transfère sur moi son sentiment de rivalité envers la figure maternelle, par le biais des personnages qu'elle me demande de jouer (la reine mère et Kathleen la coccinelle). Elle défoule sur mes personnages la colère qu'elle ressent envers la figure maternelle. Elle cherche à rivaliser et à l'emporter, en plaçant mes personnages dans une position d'échec. Je crois qu'elle est derrière les méchants chevaliers, le dragon et les autres animaux du camping. C'est probablement son sentiment de culpabilité qui l'amène à maîtriser le dragon, qui s'excusera et deviendra gentil. Le contenu est clair et limpide, je trouve.

Supervision

Dans le premier jeu, Agathe a toute une série de supports identitaires qui figurent les volets positif et négatif de ses sentiments à l'endroit de la mère : du côté positif, on retrouve la fille de la reine et les « chevalières » ; le côté négatif est quant à lui figuré par les méchants chevaliers, le dragon et les autres personnages que la reine devra tenter d'attraper. Il est possible qu'elle transfère sur toi ses sentiments négatifs. Dans le deuxième jeu, je vais dans la même direction que toi : c'est la mère rivale qui se profile derrière Kathleen la coccinelle. Il ne faut pas voir sa réaction à ta question comme représentative de ses sentiments profonds à l'endroit du père ou à l'endroit du frère.

Quatrième séance

Bref échange avec la mère

D'après ce que raconte la mère, Agathe continue de refuser de s'alimenter, sauf qu'elle a accepté de manger un dessert le week-end dernier. D'autre part, elle a recommencé à se plaindre d'avoir de la difficulté à respirer et d'avoir mal à la gorge. Madame dit qu'elle a « craqué », étant trop inquiète et n'étant plus capable de tolérer cette situation. Agathe parle souvent de l'ambulance qui l'a conduite à l'hôpital. Elle dit qu'elle veut parler aux ambulanciers qui l'ont aidée, car elle a quelque chose à leur dire. Madame songe sérieusement à prendre un congé à son travail pour raison de maladie tellement elle se sent affectée par la situation.

Jeu de l'enfant

Château, reine et princesse Playmobil

La scène se déroule entre la reine mère et sa fille, la princesse. Agathe tient le rôle de la fille et moi, celui de la mère. Tout au long du jeu, la fille fait subir une multitude de choses désagréables à sa mère la reine (elle la frappe violemment, l'effraie, lui refuse des privilèges qu'elle s'accorde à elle-même et elle se sauve d'elle). La mère souffre et la fille prend plaisir à la faire souffrir. La reine (personnage que j'assume) demande à sa fille : « Est-ce que ça se pourrait, ma fille, que tu veuilles me tasser pour obtenir mon époux le roi comme amoureux ? »

A. : Eurk!

F. : [Je répète.] Est-ce que ça se pourrait que tu veuilles me tasser pour obtenir mon époux le roi comme amoureux?

A. : Oui.

Commentaire

Le matériel est limpide. Agathe défoule toute sa colère sur sa mère, qu'elle perçoit comme une rivale dans sa quête du cœur de la figure paternelle. Elle le reconnaît d'ailleurs après l'interprétation. Elle est à présent très bien investie dans la thérapie et le transfert s'opère magnifiquement bien.

Supervision

Le contenu de ce jeu a pratiquement la même signification latente que ceux de la séance précédente, le volet négatif des sentiments étant cependant le seul présent, cette fois. Elle a répondu affirmativement à ta question. C'est de bon augure pour la suite.

Cinquième séance

Jeu de l'enfant

Agathe a fait successivement les jeux suivants.

Maison-famille

Bambine (personnage de la grande fille) s'occupe de sa petite sœur, qui est fatiguée ; elle va se coucher ensuite. Le père et la mère vont faire la vaisselle. Kathleen arrive et sonne. Elle apporte une pizza.

Château Playmobil

C'est une scène entre la mère reine et sa fille, la princesse. Il y a toujours un méchant qui vient menacer soit la reine, soit sa fille. Mais le méchant devient toujours gentil avant qu'il n'arrive quelque chose de malheureux aux personnages. La reine protège sa fille. La fille n'est plus agressive à l'endroit de la reine et elle ne se sauve plus d'elle comme elle le faisait dans les allégories précédentes.

Pet Shop

Les animaux font du camping. Il y en a un qu'Agathe nomme Émile et un second qu'elle nomme Agathe. Je dois jouer le personnage de la coccinelle (celle qui était la rejetée du groupe dans les allégories précédentes). Nous préparons de la nourriture et des breuvages. La coccinelle est maintenant acceptée du groupe et elle a droit aux mêmes privilèges que les autres.

Minnie

Agathe va voir le toutou Minnie la souris. Elle me précise que nous devons parler normalement cette fois-ci, c'est-à-dire ne pas changer nos voix. Nous nous berçons. Nous devons parler à Minnie. Celle-ci va bien, mais elle a perdu son toutou. Agathe le lui apporte. Son frère Thomas (toutou singe) a peur de s'étouffer. Agathe m'assiste afin que nous l'aidions à manger. Nous organisons une sorte de pique-nique. Agathe va chercher sa galette de riz laissée par sa mère et elle se met à en manger de très petits morceaux. Elle la lèche puis finit par la redéposer sur la table.

Au terme de cette séance, il faut à la fillette beaucoup moins de temps que d'habitude pour accepter la fin de la rencontre. La mère me dit discrètement qu'elle a été beaucoup moins opposante à la maison durant la semaine.

Supervision

Dans le premier jeu, Agathe s'est confinée (par son support identitaire) au rôle de la grande sœur qui s'occupe de sa petite sœur. La mère rivale est concédée au père, mais dans une activité de service. Selon moi, c'est aussi la mère qui se profile derrière Kathleen : celle-ci apporte la pizza. Le deuxième jeu affiche l'un des thèmes mis en scène dans les dernières séances, mais c'est le volet positif de la relation avec la mère qui semble ressortir. L'adoucissement des sentiments à l'endroit de la figure maternelle se poursuit dans le jeu « Pet Shop » : Agathe apparaît certes en couple avec Émile, mais Kathleen, c.-à-d. la mère rivale, est alors acceptée par les deux autres et elle a droit aux mêmes privilèges que ceux-ci. Dans le jeu « Minnie », Agathe assume le rôle de la thérapeute (ou de la mère) de Minnie et de Thomas. Elle me semble être derrière l'un et l'autre également. Minnie a perdu son toutou ; elle le lui apporte. Quant à Thomas, il a peur de s'étouffer ! Il faut, dit-elle, l'aider à manger. Elle semble t'exprimer ainsi son désir que vous travailliez toutes les deux à sa propre guérison. Elle montre sa bonne volonté en grignotant légèrement la galette de riz que la maman a apportée pour elle.

Appel désespéré de la mère deux jours plus tard

La mère dit que l'anxiété d'Agathe est devenue aiguë. La petite a de la difficulté à s'hydrater. Elle refuse tout aliment sous quelque forme que ce soit. La mère a dû aller se coucher avec elle, car elle n'arrivait pas à s'endormir. Elle avait même de la difficulté à avaler sa salive. Au matin, elle avait les extrémités froides et les yeux cernés. La mère me confie que depuis la naissance d'Agathe, le couple a de la difficulté à s'adapter. C'est difficile depuis les trois ans de leur fille. Ces temps-ci, à cause du problème d'Agathe, le stress familial est devenu très élevé et les parents ne s'entendent pas sur la façon de se comporter avec elle. Agathe est donc témoin des pleurs de sa mère, des mésententes du couple et des sautes d'humeur de son père. Il y a donc un fort contraste entre l'attitude permissive du premier parent et la rigidité ou l'attitude autoritaire du second. Le père serait à « prendre avec des gants blancs » ces temps-ci, selon la mère. Elle s'est emportée hier à l'endroit d'Agathe parce qu'elle refusait de manger, comportement que je lui avais fortement recommandé de mettre de côté. Elle a également tendance à lui rappeler qu'elle tombera malade et qu'elle devra être hospitalisée si elle maintient son refus de s'alimenter. Le père n'aime pas qu'on lui dise quoi faire, selon la mère. Je fais la suggestion de faire voir la fillette en pédopsychiatrie et de consulter la travailleuse sociale pour ce qui est de leur interaction avec la petite.

Sixième séance

La séance est devancée vu l'état de la fillette. À cette rencontre, Agathe est beaucoup moins énergique que d'habitude. Elle est moins joyeuse et moins productive au niveau de ses jeux. Il apparaît clairement que son état s'est détérioré. Elle n'a pas été anxieuse la veille au coucher, mais elle refuse encore les aliments.

Jeu de l'enfant

Pet Shop

Les animaux font du camping. Ils écrivent sur la pancarte : « Pas de camping ». C'est simplement pour avoir le camping juste pour eux. Kathleen (mon personnage coccinelle) est contente. Les animaux placent les accessoires de camping et préparent de la crème glacée et des breuvages. Puis Agathe décide de jouer au château Playmobil.

Château Playmobil

La reine et sa fille sont dans le château. Un gentil chevalier vient pour les protéger d'une attaque des méchants chevaliers. Le gentil vient tout juste d'échapper à ceux-ci. Il a des égratignures au visage. Les méchants ont emprisonné Hugo le dragon. La fille de la reine leur tend un piège avec du feu. Ils seront faits prisonniers grâce à la fille.

Maison et personnages

Bambine ne veut pas aller à l'école. Son père insiste et elle finit par y aller. Sa petite sœur n'a pas d'énergie, car elle ne mange pas. Elle a peur de s'étouffer. Les parents tentent de la rassurer et de lui expliquer comment faire pour ne pas s'étouffer. Sa sœur Bambine mange et elle a de l'énergie. La petite est trop fatiguée ; elle va se coucher. Finalement, les parents doivent la conduire à l'hôpital. Elle reçoit une piqure et elle pleure. Les parents repartent et la laissent à l'hôpital. À la fin, elle va être guérie et elle va retourner chez elle.

Commentaire

Cela confirme, me semble-t-il, l'hypothèse que la petite a vécu l'étouffement comme une punition due à ses sentiments œdipiens (angoisse de punition ou de castration). Je crois que l'attitude de la mère alimente l'anxiété de l'enfant. On dirait qu'Agathe perçoit la détresse de sa mère, car le personnage de la fille sauve souvent la reine d'une menace. Évidemment, cela peut être fait par culpabilité, mais dans la réalité, la mère semble ne pas bien aller. Je crois qu'il y a un énorme bénéfice secondaire au problème : désormais, Agathe est l'enfant qui reçoit le plus d'attention dans la famille, alors qu'auparavant, c'était tout le contraire. Je crains qu'on doive malheureusement l'hospitaliser... Je remarque une atténuation importante de l'agressivité et de l'attitude de rivalité. Les allégories sont mieux construites et plus claires qu'elles ne l'étaient antérieurement. Ma collègue travailleuse sociale et moi sommes habituées de travailler ensemble. Nous formons une bonne équipe. Cette collaboration s'annonce très féconde dans ce dossier.

Supervision

Dans le deuxième jeu (château Playmobil), Agathe exprime ses sentiments ambivalents à l'endroit de sa mère; elle se profile derrière la fille et le dragon, d'une part, et les méchants chevaliers, d'autre part. Je pense que tu te trouves derrière le gentil chevalier (tu tenterais de protéger la mère et la fille ou la relation entre elles). Tenant compte de l'aboutissement de l'action, elle pourrait bien te dire : « C'est à moi qu'il revient de contrôler ou de faire disparaître mes sentiments négatifs à l'endroit de maman ». Le troisième jeu est très révélateur. Agathe se profile ici encore derrière deux personnages : Bambine et sa petite sœur. Bambine s'occupe de sa petite sœur qui ne mange pas, car celle-ci a peur de s'étouffer. Elle est probablement ce qu'Agathe aimerait être ou celle qu'elle est à certains moments. Peut-être ce contenu veut-il simplement dire : « Je fais des efforts pour m'en sortir, mais je n'y arrive pas. Peut-être dois-je me résigner à aller à l'hôpital ». Je suis d'accord avec toi : Agathe se sent coupable du trouble et de l'inquiétude qu'elle donne à sa mère, le contenu de cette séance le démontre clairement. Je vois cela comme étant de très bon augure.

Questions au superviseur

Je suis un peu mêlée par rapport à l'œdipe d'Agathe. Est-ce possible qu'elle soit en œdipe avec son frère? Si oui, comment ajuster les interprétations et quelle attitude recommander au père?

Supervision

Bien sûr que le conflit œdipien peut s'organiser en référence au frère et, dans un tel cas de figure, la rivalité avec la mère peut être tout aussi intense, surtout si, comme cela semble être le cas ici, la mère, insatisfaite de sa relation avec son conjoint, a jeté son dévolu sur son fils. Mère et fille pourraient chercher à s'approprier le prince. Peut-être le père est-il mis hors circuit à cause de son caractère tout à fait particulier. Il ne faut cependant pas écarter l'hypothèse que les sentiments ressentis pour le frère ne servent qu'à masquer ceux qui visent le père; cela aussi arrive fréquemment. Pour l'instant, je te suggère d'y aller avec la question suivante : « As-tu l'impression que ta maman et ton frère sont comme un couple d'amoureux? » Si elle répond affirmativement, enchaîne avec ceci : « Est-il possible que cela te choque, parce que tu voudrais que ce soit toi, l'amoureuse de ton frère? »

Septième séance

Agathe arrive énergique et souriante. De toute évidence, elle va mieux que la dernière fois. Elle a recommencé à s'hydrater, mais refuse toujours les aliments solides sauf la crème glacée qu'elle a mangée à une occasion. Ses parents mettent de l'*Ensure* dans son lait et elle lèche parfois les aliments qui lui font envie. Lorsqu'elle se risque à manger des morceaux, elle finit par les retirer de sa bouche. Elle conserve une peur assez évidente de s'étouffer. Aujourd'hui, son frère est présent avec la mère. Elle me présente son frère : « C'est mon petit frère! » (Celui-ci a pourtant trois ans de plus qu'elle!) Elle a une attitude très affectueuse à son endroit. Juste avant qu'il reparte avec sa mère pour laisser Agathe à sa thérapie, elle l'embrasse tendrement sur la joue...

La mère me dit discrètement avoir eu la confirmation qu'Agathe était en œdipe avec son frère. Elle a dit à sa fille : « Ma fille d'amour » et Agathe lui a répondu : « Toi, c'est papa ton amoureux et moi, mon amoureux, c'est Émile. »

Jeu de l'enfant

Maison et famille

Bambine (personnage de la grande fille) demande à son père de placer les meubles dans la maison. « Elle est forte, Bambine, pour transporter les meubles », dit Agathe. Sa petite sœur Pauline dort dans la chambre de Bambine... ; non, Pauline est plutôt à l'hôpital, car elle ne mange pas. Agathe laisse son jeu et va vers les toutous.

Minnie

Minnie va bien, mais elle a perdu son toutou. Agathe le lui apporte. Son frère Thomas (toutou singe) ne va pas bien, car il ne mange pas. Il n'a pas d'énergie, il tremble. Il doit aller à l'hôpital. Il faut lui expliquer qu'il doit manger sinon il sera malade. On lui donne du jus, mais il est faible. Il ne mange pas... Sa sœur a droit à des cadeaux et des récompenses, car elle mange beaucoup. Lui, il n'y a pas droit.

Château Playmobil

Le méchant chevalier menace et poursuit la fille princesse et sa mère reine. La reine est mise en prison. Le chevalier va finalement la laisser sortir. La fille se sauve de sa mère. Celle-ci doit tenter de la rattraper. Plus tard, c'est Pauline qui arrive et qui se sauve de la reine. La reine doit la rattraper. Agathe court et se sauve partout dans le local en criant et en riant aux éclats. Pauline frappe violemment la reine. Agathe dit qu'elle frappe son vagin.

Je tente une interprétation :

F. : Est-ce que ça t'arrive de penser que ta mère et ton frère sont comme des amoureux ?

A. : Mon frère doit prendre ses médicaments !

F. : Tu l'aimes beaucoup, ton frère Émile, et tu veux prendre soin de lui ?

A. : Oui.

F. : Est-ce que ça se pourrait Agathe que des fois, tu aimerais l'avoir juste pour toi ton frère et que lorsque tu vois maman près de lui, ça te choque ?

Difficile de capter toute son attention. Sa réponse n'est pas claire...

Supervision

Dans le jeu « maison et famille », le support identitaire et le père font une activité ensemble. Agathe insiste sur la force de Bambine. Ce premier support identitaire s'occupe toujours du second (Bambine dort dans la même chambre que Pauline). Finalement, la petite sera présentée comme étant à l'hôpital. Le deuxième jeu a un contenu très apparenté au précédent : la fillette se profile derrière Minnie et son frère, Thomas. Minnie, qui « mange beaucoup », semble jouer un rôle protecteur à l'endroit de son frère en difficulté, parce qu'il ne mange pas. Agathe semble dire : « Si je mangeais comme Minnie, j'aurais beaucoup de cadeaux et de récompenses; en attendant, je n'y ai pas droit ». Dans le troisième jeu, il y a reprise du thème des sentiments ambivalents à l'endroit de la mère, Agathe se profilant ici encore derrière un support bien disposé à l'endroit de celle-ci (la fille princesse) et un second nettement plus agressif (le chevalier méchant). Une nouveauté apparaît ici, soit la présence d'un troisième support identitaire au comportement lui-même ambivalent : elle fuit la mère, mais elle semble contente de voir celle-ci lui courir après. La séquence s'achève sur l'agression de Pauline sur le vagin de la mère. C'est vraisemblablement cette ambivalence débouchant sur l'agression qui t'a amenée à lui faire l'interprétation de sa rivalité à propos du frère. Il était pertinent de le faire, le contexte s'y prêtant magnifiquement, même si la fillette n'a pas répondu de manière claire. Il est manifeste qu'Agathe veut à tout le moins occuper la place de la mère vis-à-vis de son frère : elle a présenté celui-ci comme son « petit frère » en dépit du fait qu'il est de trois ans plus âgé qu'elle et elle a reconnu qu'elle doit s'occuper de lui, notamment en veillant à ce qu'il prenne ses médicaments.

Huitième séance

Communication avec la mère

La mère me dit qu'Agathe se montre opposante à la maison. Elle lui a dit : « C'est moi le boss, c'est moi qui décide pour mon corps ! » Je lui reparle de l'œdipe et lui dit que l'attitude d'opposition est une manifestation fréquente à ce stade. Je perçois beaucoup de scepticisme dans son regard. La mère demande conseil à beaucoup de gens, notamment à d'autres professionnels qui sont plutôt d'orientation cognitiviste et qui ne croient pas vraiment à l'existence des conflits œdipiens. Cela vient donc interférer sur le bon déroulement de la thérapie puisqu'elle n'applique pas vraiment les recommandations. Elle s'étourdit à demander des conseils à quiconque veut bien lui en donner et ceux qu'elle reçoit sont parfois contradictoires.

Jeu de l'enfant

Agathe affiche une attitude gênée à son entrée dans le local. Rapidement, elle retrouve son sourire et s'intéresse aux jouets.

Minnie

« Minnie va bien », Agathe me fait-elle dire. « Thomas est à l'hôpital. Je dois le convaincre de manger, le rassurer et lui montrer comment faire. Je dois insister encore et encore pour lui expliquer comment faire pour manger sans s'étouffer ». Pendant ce temps, elle-même et Minnie jouent au « Pet Shop » ensemble un peu plus loin. Mais elle me surveille du coin de l'œil, me dit quoi dire à Thomas, et elle fait la voix de Thomas qui me répond. Elle et Minnie viennent finalement m'aider à faire manger Thomas. Celui-ci réussit à manger et il a beaucoup d'énergie.

Pet Shop

Les animaux font du camping. Je dois jouer le personnage de Kathleen. Celle-ci est contente, car elle aime le camping. Les autres animaux préparent de la nourriture, mais Kathleen ne peut pas en avoir. On lui offre plutôt de la « crème glacée aux vers de terre »... On la rejette et on la bouscule. Finalement, les autres personnages vont devenir gentils avec elle et ils vont l'accepter avec eux.

Maison et personnages

Bambine demande à son père de l'aider à placer les meubles dans la maison. Anna dort dans la chambre de Bambine. Anna va mieux, car elle mange maintenant et elle a beaucoup d'énergie.

Séquence finale

Agathe va chercher son yogourt à boire et elle se berce avec Thomas et Minnie en le buvant. Sa mère me dit discrètement dans la salle d'attente que les rencontres apaisent Agathe et qu'elle semble mieux se porter et être plus heureuse lorsqu'elle en sort.

Supervision

La confidence de la mère sur les propos et l'attitude opposante d'Agathe est intéressante. La fillette dit à la mère de se mêler de ses affaires et qu'elle est tout à fait capable de s'occuper d'elle-même comme une grande fille. C'est la même prétention qui est derrière son désir de s'occuper de son frère comme s'il était son amoureux. Le contenu du premier jeu (Minnie) démontre qu'elle veut que tu contribues à la guérison de Thomas, lequel me semble toujours être la partie d'elle-même en difficulté. Cependant, c'est elle qui, manifestement, mène les opérations! L'issue du jeu laisse voir que la solution au problème va venir sous peu. Dans le jeu « Pet Shop », elle remet en scène Kathleen (la coccinelle). S'agit-il de la figure maternelle rivale ici encore ou s'agit-il du support identitaire? J'ai plutôt tendance à opter pour la première hypothèse, encore que je ne puisse écarter la seconde tout à fait. Cela voudrait donc dire qu'Agathe se profile derrière les autres animaux; ceux-ci feraient souffrir la figure maternelle (on la prive de nourriture ou on lui en donne de la repoussante, on la rejette et on la bouscule). Le changement d'attitude qui intervient à la fin laisse voir la présence du sentiment de culpabilité (à l'endroit de la mère); il annonce une modification importante du comportement. Dans le jeu « maison et personnages », Agathe reprend le scénario produit au début de la séance précédente : elle « fait couple » avec le père et, sous la figure de Bambine, elle s'occupe d'Anna, qui va mieux, car elle mange maintenant et retrouve son énergie. Il se pourrait fort bien que le désir de se montrer plus à la hauteur que la mère dans la prise en charge de l'enfant qui refuse de manger soit ce qui importe le plus ici. La dernière séquence de jeu est vraiment amusante : Agathe sirote son yogourt en se berçant avec Minnie et Thomas, ses deux supports identitaires du début de la séance.

Neuvième séance

Agathe arrive rébarbative. Elle se cache contre sa mère et ne veut pas rester dans le local avec moi pour jouer. Quand sa mère sort du local, elle dit qu'elle veut aller la rejoindre. Je lui dis : « Tu ne veux pas rester jouer avec moi aujourd'hui ? Pas de Thomas, pas de Minnie, pas de Bambine ? » Elle change alors d'avis.

Jeu de l'enfant

Toutou

Elle va chercher le toutou singe (Thomas) et se met à le lancer dans les airs. Elle le lance suffisamment haut pour qu'il frappe le plafond. Elle le relance énergiquement et elle dit qu'il se fait mal. Je dois intervenir pour qu'il n'y ait pas de casse sur mon bureau. Elle termine en le piétinant. Elle dit qu'elle est la mère de Thomas. La mère dispute Thomas et le met en punition. Elle est fâchée, car il n'a pas rangé ses jouets. Elle dit qu'il doit aller à l'hôpital, car il ne mange pas.

Maison et personnages

Dans cette seconde séquence, la fille veut aller travailler avec le père. Le père refuse. Il lui dit qu'elle doit aller à la garderie. Elle est fâchée. Elle enlève les vêtements au père, même ses bobettes, afin qu'il ne puisse partir travailler. Elle prend d'autres personnages : le père Thierry (prénom de son père), la mère Jessica (prénom de sa mère), Bambine (elle) et Pauline (son frère Émile). Elle précise elle-même que chaque personnage correspond à un membre de la famille. Pauline a fait une bêtise. Elle a renversé la plante. La mère est fâchée et veut la punir. Pauline se sauve et va se cacher. La mère vient la rejoindre. Elle s'excuse d'avoir perdu patience et console Pauline. Tous les quatre, ils retournent à la maison. Pauline a mal aux genoux ; quelqu'un lui a fait mal. Le père interroge tout le monde. Finalement, c'est Laurent, qui lui a fait mal. Laurent l'amène à l'hôpital.

Agathe va voir à la fenêtre. Elle tasse les plantes, grimpe sur le bord de la fenêtre pour regarder en bas. Elle met ses mains sur la vitre de la fenêtre et fait des dessins avec ses doigts. Je lui explique que je crains qu'elle tombe et se blesse. Je lui demande de descendre. Elle refuse et continue de dessiner. Je dois lui demander doucement à quelques reprises. Elle finit par descendre.

Pet Shop

Il y a une fête. C'est Noël. Chaque personnage se déguise. Ils font de la limonade, mais Kathleen (mon personnage) n'y a pas droit. Plutôt, on lui donne des vers de terre à manger et du jus d'orange qui a mauvais goût.

Agathe me dit « non » souvent au cours de l'entrevue. Elle est désagréable avec moi. À la fin de l'entrevue, elle est agitée, crache au visage de sa mère, me fait une grimace et m'appelle « France le clown ». Elle prend tout son temps pour s'habiller alors qu'on l'attend.

**Rencontre des parents avec la thérapeute
et la travailleuse sociale**

En résumé, il ressort que les parents ont de la difficulté à concilier travail et famille, notamment pour les raisons suivantes : fatigue, stress, sentiment d'être débordés... Les routines quotidiennes avec les enfants (coucher, repas, bain) sont pénibles. Les parents n'ont pas de temps pour eux comme individus et comme conjoints. Manifestement, il y a des tensions dans le couple et aussi des tensions dans la famille : Émile capte toute l'attention et Agathe, qui était l'enfant calme et effacée de la famille, jusqu'aux deux épisodes d'étouffement, cherche aussi à faire en sorte qu'on s'occupe d'elle davantage... Ses difficultés alimentaires font partie de sa stratégie pour y parvenir. Il y a une distance dans la relation père-fille. Agathe s'est toujours montrée plus proche de sa mère, le père s'étant toujours dit qu'elle viendrait vers lui lorsqu'elle serait prête. Dès lors, monsieur se sent moins d'affinité avec elle. La mère admet être très anxieuse. Nous insistons, la travailleuse sociale et moi, sur l'importance de faire équipe dans le suivi et d'aller dans la même direction, ce qui veut dire que les parents doivent éviter l'éparpillement en demandant conseil à tout le monde. La mère admet que cette attitude ne l'aide pas. Dès lors, la travailleuse sociale va offrir aux parents des orientations concernant les routines, le développement de l'autonomie des enfants, l'application de mesures de répit pour eux deux, la régularité des échanges entre eux, et la fréquence ainsi que la forme de moments privilégiés à réserver à Agathe. Heureusement, les parents ont cessé de mettre la pression sur Agathe pour qu'elle mange, ce qui a entraîné une diminution de l'anxiété. Ils tentent de reprendre un fonctionnement normal dans le déroulement des repas.

Commentaire

Je crois que les sentiments de rivalité d'Agathe vis-à-vis de sa mère sont très intenses, d'où la fréquence de ses comportements d'opposition ; ceux-ci entraînent probablement un recours plus fréquent aux punitions, des pertes de patience et une irritation accrue chez la mère, ce qui nourrit ou intensifie le sentiment de rivalité de la fillette à son endroit. Bien évidemment, le transfert s'opérant à l'intérieur de la relation thérapeutique, je suis moi aussi la cible de ce sentiment de rivalité et j'en prends pour mon rhume !

Supervision

Tu as été très habile avec la stratégie que tu as utilisée pour convaincre Agathe de rester en séance. Manifestement, elle n'est pas contente d'elle-même, si l'on se fie à ce qui est produit dans le jeu « toutou » : elle a probablement eu à encaisser des reproches de la part de sa mère. Les sentiments amoureux à l'égard du père deviennent plus manifestes ; c'est ce que démontre le deuxième jeu. Son support réagit vivement au refus du père. Dans le jeu « Pet Shop », la figure maternelle est encore une fois prise à partie : elle n'a pas droit à la bonne limonade, elle reçoit plutôt des vers de terre et du jus d'orange qui a mauvais goût. Il est en effet assez évident par son comportement en séance qu'Agathe déplace sur toi les sentiments négatifs qu'elle éprouve à l'endroit de sa mère.

Question au superviseur

Parmi les facteurs susceptibles de nuire au bon déroulement de la phase œdipienne d'une fillette, on mentionne souvent l'attitude de séduction du père et l'attitude de rivalité que la mère entretient envers sa fille. Cependant, un père qui n'investit pas suffisamment dans sa fille et qui la garde à distance peut-il également nuire au processus ? Si c'est le cas, est-ce que nous devons travailler à faire se rapprocher le père et sa fille afin que celle-ci puisse vivre son œdipe et le régler ?

Supervision

Il me semble que le refus d'aliments solides remplit deux fonctions : la première, montrer à la mère que c'est elle (Agathe) qui mène, et la seconde, chercher à mobiliser le père en l'inquiétant. Généralement, le report de l'amour œdipien sur un frère (pour une fille) est un phénomène temporaire et à visée masquante. Je crois que cela devient de plus en plus évident dans les deux dernières séances. Il apparaît que le surplus d'intérêt qu'elle a eu ou a encore pour son frère vise à faire se mobiliser le papa. Encore une fois, ce serait une bonne idée que le papa aille davantage au-devant de sa fille, sans pour autant se laisser aller à la séduction.

Dixième séance

Rapport de l'orthophoniste

Je prends connaissance d'un rapport d'évaluation en orthophonie réalisé un an et demi plus tôt, rapport qui m'a été adressé au cours de la semaine. L'orthophoniste rapportait alors que le développement de la communication de cette fillette était atypique. Elle affirmait que la petite semblait présenter un trouble de langage associé à des difficultés développementales. La nature de ces difficultés demeurait à préciser. Il était recommandé de poursuivre l'intervention, mais la mère n'a pas donné suite. L'orthophoniste a confié verbalement à la travailleuse sociale qu'elle avait suspecté à l'époque un trouble envahissant du développement (TED).

Lorsque je vais chercher Agathe à la salle d'attente, elle attend sagement, assise à côté de sa mère et grignotant sa collation. Madame nous annonce qu'elle a recommencé à manger depuis deux jours. Elle mange des petits poissons au cheddar et des morceaux de fruits séchés (désormais, la mère manifeste une attitude de la neutralité face à l'alimentation). Agathe est vraiment bien mise aujourd'hui, car c'est son anniversaire : elle fête ses 5 ans. Elle semble bien fière d'elle.

Jeu de l'enfant
Toutous

Agathe lance Thomas partout. Puis elle me demande de faire parler Thomas. Celui-ci ne veut pas manger et il est rendu tout petit. Je dois lui dire de regarder Agathe et de prendre exemple sur elle, car elle mange (Agathe mange ses poissons fièrement). Puis elle le prend et se met à le lancer au plafond à répétition. Il tombe partout, renverse son plat de poissons et abîme une plante. Je lui demande de faire attention. Elle me dit qu'elle est forte et qu'elle a beaucoup d'énergie, car elle mange.

Pet Shop

Le chien s'appelle Agathe. Moi, je dois prendre Kathleen, la coccinelle. Agathe le chien boit un délicieux jus de canneberge. Kathleen en veut, mais Agathe lui dit non. Agathe le chien frappe Kathleen à plusieurs reprises. Kathleen doit être punie, car elle n'a pas écouté les consignes.

Maison et personnages

Bambine et Pauline, les deux sœurs, placent les meubles ensemble dans la maison. Leur mère est très contente de leur travail. Les sœurs observent la belle neige tomber dehors et elles décident d'aller jouer ensemble dans la neige. Un chien fait peur à Pauline, qui va se réfugier sur le toit de la maison. Le père vient la sauver du chien (sentiments œdipiens visant le père ?).

Château Playmobil

L'histoire est inspirée du conte La Belle et la bête. La mère et sa fille pourchassent la bête. Elles prennent des armes et du feu. Il y a une roche magique qui est catapultée. Cette roche a des pouvoirs. Agathe s'éloigne soudainement de son jeu ; elle regarde vers la fenêtre puis se déplace dans cette direction. Elle veut regarder dehors. Je lui demande de ne pas grimper sur le bord de la fenêtre, comme la dernière fois. Elle ne m'écoute pas. Elle bouscule les plantes au passage et se met à dessiner dans la fenêtre avec ses mains. Après quelques interventions tout en délicatesse de ma part, elle finit par accepter de redescendre. Elle joue un peu trop fort avec les décorations installées sur le bord de la fenêtre. Elle monte debout sur les chaises et saute en bas. Je lui propose qu'elle veut me démontrer qu'elle aime bien décider et faire les choses à sa façon (et, si c'était à refaire, j'ajouterais « comme une grande »).

Agathe va alors chercher le dragon. Elle me demande de l'aider à le coller avec du « scotch », car il a été méchant. J'accepte de l'aider en lui disant que, par la suite, il faudra ranger, car la séance sera terminée. Quand la séance se termine, elle refuse de ranger. Elle dit que je vais ranger seule. Je lui demande de m'aider et elle finit par accepter.

À la fin de l'entrevue, la mère me dit qu'Émile, le frère de 7 ans, se montre très opposant à la maison lors des routines. Cette attitude existerait depuis longtemps même si elle ne l'avait jamais mentionné. Elle me demande si Émile peut avoir également un problème avec son œdipe. La mère pense que de voir son frère s'opposer ainsi peut influencer Agathe négativement.

Commentaire

Les nouvelles sont bonnes. Agathe semble un peu moins opposante avec sa mère. C'est comme si elle acceptait maintenant de lui faire plaisir en mangeant et en étant gentille (comme Bambine et Pauline, qui placent les meubles). Je crois que cela est directement lié au changement d'attitude de la mère, qui est moins anxieuse et qui s'efforce de ne pas alimenter le sentiment de rivalité. Cependant, en entrevue avec moi, Agathe demeure en rivalité et opposante. Je n'avais pas compris que les personnages qui sont punis dans ses histoires représentent son frère Émile. Pourtant, elle me le disait : « C'est Émile ! », mais je croyais que c'était une façon de camoufler ses propres sentiments. Je crois qu'il est fort possible qu'Émile ait un fonctionnement œdipien problématique. Concernant les soupçons de l'orthophoniste quant à la présence d'un TED chez la fillette, je suis évidemment convaincue qu'elles ne sont pas du tout justifiées. Je dois avouer que j'ai perçu certaines particularités au début (beaucoup d'éparpillement et de propos allant du coq à l'âne, peu de contact visuel, fonctionnement comme dans une bulle, une certaine singularité dans le choix des noms donnés aux personnages) pouvant se rattacher à un tel niveau de fonctionnement. La possibilité de considérer ces symptômes comme post-traumatiques était cependant bien réelle. Quoi qu'il en soit, Agathe s'est avérée beaucoup plus structurée au fil des rencontres, affichant notamment une stabilité et une cohérence au niveau des jeux choisis, des personnages mis en scène et des histoires racontées. Le contact visuel est également nettement plus présent. Et sa capacité de mentalisation est bonne, voire excellente.

Question au superviseur

J'ai un peu de difficulté à gérer ses comportements d'opposition en séance. Jusqu'où dois-je la laisser aller, quand faut-il l'arrêter et quelle attitude dois-je adopter ? Bien qu'elle ne casse rien, elle est très souvent brusque avec le matériel mis à sa disposition.

Supervision

Un enfant aux prises avec un TED ne joue pas autrement que de manière sensori-motrice initialement (pas de mentalisation, pas d'accès au symbolique ou bien peu tout au plus, etc.). La petite est vraiment très loin de cela. On ne devrait jamais penser à l'hypothèse d'un TED sans avoir évalué la capacité de jouer d'un enfant, et surtout, sans avoir porté attention au contenu de son jeu. Un diagnostic basé simplement sur des comportements observables est si fréquemment erroné. Il est fort possible, par ailleurs, que les attitudes d'opposition d'Agathe se soient transposées dans sa relation avec toi. Note que c'est plutôt rare que les opposants ne soient pas œdipiens. Alors, c'est tout à fait plausible qu'Émile en soit là. Il est fort possible qu'Agathe ait suivi l'exemple de son frère, sur le plan comportemental. Je trouve que tu t'es bien débrouillée avec son attitude opposante. Il faut éviter d'être ferme et rigide dans ces circonstances. Surtout, ne pas forcer l'enfant à « faire ». Généralement, les choses rentrent dans l'ordre rapidement, après une ou deux interprétations ou interventions.

Onzième séance

Agathe se présente avec un air fâché. Sa mère dit qu'elle est déçue, car elle a dû quitter son activité à la bibliothèque, qui avait lieu aujourd'hui à la prématernelle. Elle dit qu'elle ne veut pas faire la rencontre. Sa mère me glisse qu'elle est très opposante à la maison ces temps-ci. Elle ne lui donne pas le choix de rester ou de partir : elle la laisse avec moi. La fillette me tourne le dos. Je lui dis que je suis vraiment désolée qu'elle ait manqué son activité et que je comprends combien elle doit être déçue. Le dos tourné, elle se met à me raconter un voyage qu'elle a fait à Cuba avec sa famille. Elle parle de la piscine, de la plage, de la maison dans laquelle ils habitaient, des deux lits qui s'y trouvaient. Puis elle décide d'aller dessiner sur le tableau. Elle dit qu'elle dessine sa maman. Elle prend le feutre rouge et elle fait un bonhomme têtard. Elle dessine deux grandes lignes pour les jambes avec deux boules en guise de pieds, deux lignes pour les bras, mais pas de mains, des lignes droites dans les airs pour les cheveux. Les yeux du personnage ne sont pas à leur emplacement habituel : ils sont dessinés sur le bord du visage. Elle dessine une grande bouche, ajoutant de grosses dents qu'elle colorie en rouge. Elle applique du rouge sur les lèvres. Elle dit qu'elle est belle, sa mère, et qu'elle est gentille. Ensuite, elle efface son dessin. Elle prend le feutre vert et dit qu'elle dessine son père. Son bonhomme ressemble beaucoup au précédent. Il a également une grande bouche avec des dents, mais elle ne colorie pas celles-ci. Elle dit que son père est gentil des fois, mais que des fois, il se fâche et que cela lui fait de la peine. Elle efface sa production et termine en dessinant un arc-en-ciel.

Puis elle va chercher Thomas le toutou et elle se met à le lancer en l'air. Ensuite, elle lui donne des coups de poing et elle termine en le piétinant.

F. : Tu es fâchée contre Thomas ?

A. : Oui.

F. : Qu'est-ce qui te rend fâchée comme ça ?

Elle ne répond pas.

Agathe prend ensuite son yogourt liquide dans sa boîte à goûter. Elle le boit. Puis elle veut dessiner avec des feutres sur une feuille. Elle écrit son nom. Elle va chercher une figurine de Mario Bros. et elle me demande de la dessiner. Elle me dit exactement comment faire, étape par étape.

Sa mère fait devancer la fin de l'entrevue, car elle doit se rendre à l'école de son fils. Agathe ne lui en tient pas rigueur, mais elle met beaucoup de temps à s'habiller. La mère dit discrètement qu'Agathe maintient ses bonnes habitudes au niveau de l'alimentation. Elle dit que ce n'est pas très varié comme nourriture, mais qu'elle mange bien tout de même. Elle me demande si la thérapie va durer longtemps encore, car elle n'a plus de congé disponible pour amener sa fille à ses séances.

Commentaire

Agathe ne manifeste pas d'opposition envers moi aujourd'hui, à l'exception du début de l'entrevue où elle fait la moue. Cependant, je crois percevoir qu'elle est en colère, particulièrement à l'endroit de sa mère, état qu'elle manifeste à l'endroit du toutou après avoir complété son dessin. La couleur rouge utilisée pour la mère et les grosses dents coloriées témoignent également de cela. Moi-même, je ne trouve pas facile de supporter cette mère toujours pressée, qui me lance des questions dans la porte du local et qui ne prend même pas le temps d'écouter mes réponses. La travailleuse sociale n'a pu rencontrer les parents à ce jour : deux rendez-vous ont dû être annulés en raison d'urgences. Évidemment, comme la petite a recommencé à manger, la tension baisse, et la motivation des parents également. Toutefois, les acquis me semblent fragiles et je pense qu'il suffirait de peu pour que l'on se retrouve à la case départ... Je crois qu'il faut poursuivre la thérapie.

Question au superviseur

Agathe vient d'avoir 5 ans. À cet âge, doit-on la mener à la dissolution de l'œdipe avant de terminer la thérapie ?

Supervision

De façon générale, on ne garde pas en thérapie un enfant de moins de 5 ans qui va bien même si l'œdipe n'a pas été résolu, comme c'est d'ailleurs la norme à cet âge chez les sujets bien portants. Je suis d'accord avec toi : la maman prend les décisions pour sa fille plutôt que de l'impliquer dans les décisions qui la concernent. Elle la traite comme une toute-petite ; cela est probablement à la source de l'attitude d'opposition de la fillette, qui sent qu'on ne la considère pas comme une grande ni, surtout, comme une grande sexuée.

Douzième séance

Deux semaines après la séance précédente, Agathe arrive accompagnée de ses deux parents puisqu'ils doivent rencontrer la travailleuse sociale pendant que je vois la fillette. C'est la deuxième rencontre des parents avec la travailleuse sociale (après l'entrevue, la travailleuse sociale m'a dit qu'ils ont déjà mis en place les recommandations qu'elle leur avait données au niveau de l'encadrement parental et du fonctionnement familial). Bien qu'Agathe se colle un peu contre sa mère à son arrivée, elle se met rapidement en grande discussion avec moi au sujet de la cassette de La Belle au bois dormant, qu'elle a beaucoup aimée. Les parents partent aussitôt avec la travailleuse sociale.

Jeu de l'enfant

Agathe voit les nouveaux jouets Playmobil. Cela l'intéresse beaucoup. Je la rassure en lui disant que tous les jouets qu'elle aimait sont encore là, mais qu'ils ont seulement été changés de place. Elle me dit qu'elle n'a plus envie de jouer avec la maison de Bambine. Son choix s'arrête sur le bateau de pirates. Elle prend également le poste de police, une voiture et le bateau de police. Elle explore le matériel et met en branle son histoire. Elle dit que le capitaine des pirates est méchant. Les pirates utilisent l'auto pour aller porter des choses au magasin des méchants. Elle dit : « On va faire semblant que je suis la madame méchante ». Un des pirates apporte une chandelle à la madame méchante, qui lui dit : « Merci beaucoup. » Je lui demande pourquoi les pirates sont méchants. Elle répond : « Non, ils sont gentils. » Elle découvre l'hélicoptère. Elle dit que les pirates s'en vont en hélicoptère, car ils vont aller voler quelque chose. Elle s'amuse à faire tourner l'hélice de l'hélicoptère et elle dit : « J'aime ça venir chez toi ! » Elle voit l'ambulance. Il y a un bonhomme dedans. Les pirates l'amènent dans leur bateau, car ils vont le mettre en prison parce qu'il a dit des mots pas gentils.

A. : La madame dit : « C'est assez de dire des mots méchants ! »

F. : Qui est cette madame ?

A. : C'est moi !

Elle prend un canon et s'adresse au bonhomme : « Tu vas être explosé par le ventre ! » Elle remet le bonhomme en prison. Les pirates s'en vont secourir le bonhomme dans sa prison. Ils le ramènent avec eux dans l'hélicoptère, puis dans l'auto et, finalement, dans le bateau. Agathe dit qu'ils sont méchants, les pirates, mais qu'ils sont un peu gentils.

F. : Pourquoi les pirates gardent tout le temps le pas-gentil avec eux ?

A. : Parce qu'ils aiment ça, le mettre en prison.

Je lui demande quel âge ont les personnages. Elle dit que le pas-gentil a 3 ans et les pirates ont 5 ans (support identitaire ?).

(Lorsqu'Agathe a de la difficulté à manipuler le matériel, je lui offre mon aide. Elle accepte rarement, préférant se débrouiller seule. Je lui fais remarquer qu'elle se débrouille très bien. Lorsqu'elle est maladroite et que des pièces se détachent, elle dit : « Oups ! Désolée France ! »)

F. : Toi, es-tu gentille ?

A. : Oui, je suis gentille.

F. : Et Émile ?

A. : Il est gentil des fois et des fois il est pas fin.

F. : Et papa ?

A. : Il est gentil.

F. : Et maman ?

A. : Elle est gentille et pas gentille. Des fois elle me chicane. Des fois, ça arrive que des adultes se chicanent.

F. : Tes parents se chicanent ?

A. : Oui.

F. : Est-ce que ça t'arrive d'être fâchée contre Émile parce que tu trouves qu'il est plus amoureux de ta mère que de toi ?

A. : Non, ils sont pas amoureux. Moi, des fois je suis amoureuse d'un ami à la garderie et des fois pas.

Elle explore le matériel pendant un temps.

F. : Je trouve que tu as l'air en forme aujourd'hui.

A. : Oui.

F. : Est-ce que tu as beaucoup d'énergie maintenant ?

A. : Oui.

F. : Es-tu contente de te sentir mieux ?

A. : Oui.

Le ton utilisé et son non-verbal sont très convaincants.

F. : Moi aussi, je pense que tu vas mieux.

A. : Oui.

La rencontre est terminée, mais elle refuse de m'aider à ranger. Elle dit : « Non, j'aime ça venir... »

Commentaire

Agathe se présente très différemment des autres fois. Le bienfait de l'aide apportée aux parents par la travailleuse sociale semble avoir un effet direct sur son état. Elle semble se porter tellement mieux : aucune agressivité, ni opposition à mon endroit dans cette séance. Elle est calme et elle garde le même thème de jeu tout le long de la rencontre. Elle manifeste fortement et ouvertement son plaisir à venir à la séance. Elle ne fait aucune allusion à la nourriture, ni à la peur de s'étouffer. Je crois que le support identitaire se profile derrière les pirates. Agathe semble libérer une colère envers les membres de sa famille, particulièrement envers sa mère et son frère, par son plaisir à torturer le pas-gentil. Évidemment, elle ressent le besoin, à certains moments, de dire qu'ils sont gentils, ayant probablement de la difficulté à admettre qu'elle-même puisse avoir de telles pulsions agressives. Toutefois, je ne sais pas exactement pourquoi elle leur en veut, ni où elle en est avec son œdipe. Elle n'a jusqu'à maintenant jamais répondu par l'affirmative aux différentes interprétations que j'ai faites sur le sujet, ce qui me donne parfois l'impression d'être dans l'erreur et de ne pas trop savoir où je m'en vais avec elle.

Supervision

Il y a des choses qu'elle peut admettre et d'autres, pas. De plus, l'abord de certains éléments (toute seule ou avec toi) peut être très anxiogène pour elle. Pas étonnant qu'elle cherche à les fuir ou à feindre d'être ailleurs quand ils émergent dans l'échange ou dans sa pensée. Tu dois travailler avec ce qu'elle te donne. Elle te laisse entrevoir que les pirates, qui représentent son support identitaire, vont voler quelque chose. Ces pirates vont ensuite faire prisonnier le bonhomme dans l'ambulance (personnage qui figure le papa selon moi) parce qu'il a dit des mots pas gentils. La madame méchante le rabroue (elle souhaiterait un conflit entre père et mère et, en conséquence, que le papa se rapproche d'elle). Je pense en effet que quoi qu'elle dise, c'est la maman qui est derrière la madame méchante. Le thème le plus important est l'ambivalence des sentiments : elle se sent à la fois gentille et pas gentille. Des fois, le papa lui donne raison d'espérer, d'autres fois, non. Elle aimerait le garder à sa portée, à sa merci. Mais c'est bon signe qu'elle évoque que, parfois, elle est amoureuse d'un ami à la garderie, et parfois non. Le matériel est plutôt amusant, mais il n'est pas aussi facilement lisible que d'habitude.

Treizième séance

Agathe arrive de bonne humeur. Elle ne manifeste aucune réticence à se détacher de ses parents. Elle s'intéresse au matériel et sélectionne ce qu'elle veut pour son histoire. Elle est calme et elle semble savoir où elle s'en va. Aucune confrontation ni opposition envers moi à cette séance. À la fin de l'entrevue, elle m'avertit de bien dire aux amis de ne pas toucher à ses choses.

Jeu de l'enfant

Lorsqu'elle commence la séance, elle me parle du jeu de Mario Bros qu'elle a chez elle. Elle dit que Bowser veut voler l'amoureuse de Mario Bros. Elle semble trouver cela très amusant ! Elle sort beaucoup de jouets. Elle dit qu'il va y avoir beaucoup de personnages. Elle précise que c'est un royaume. Il y a un bonhomme masculin qui a mal à la jambe, car il s'est blessé. Il a eu un gros accident. Il part très loin de son royaume. Il prend l'autobus. Il s'en va en vacances ; il va se blesser à nouveau et il va partir en ambulance. Il s'en va loin, loin, loin, loin... Elle prend un deuxième bonhomme. Il s'est lui aussi blessé à la jambe et il s'en va à l'hôpital. Et après, il s'en va « loin, loin, loin, loin... » C'est un gros hôpital. Son copain s'en va à l'hôpital avec lui. Elle dit qu'ensuite, il est guéri. Je lui demande si ce n'est pas un peu comme son histoire à elle. Elle me répond par la négative. Elle met deux bonshommes dans l'auto de police. Je lui demande qui sont ces personnages. Elle ne le sait pas. Elle change de thématique. Elle voit le petit podium. Elle dit qu'il va y avoir un grand concours, mais on ne sait pas qui va gagner. Elle prend des personnages à bicyclette. Le capitaine veut la bicyclette rose. Il veut la voler. Il y a une fille sur une bicyclette. Elle dit que c'est sa mère. Le capitaine s'appelle Joe et il est méchant. Il y a plusieurs mères qui font de la bicyclette. Elle dit que c'est une équipe de filles.

Je dois écourter un peu la séance pour aller rencontrer les parents dans un autre local. Pendant ce temps, la travailleuse sociale vient surveiller la fillette. Celle-ci la connaît très peu, mais elle accepte de rester avec elle. Elle se montre calme et poursuit son jeu pendant ce temps.

Commentaire

Je me rends compte maintenant que j'avais autant de misère à décoder ses jeux qu'elle-même avait de la difficulté à les structurer. Je crois que cela va devenir de plus en plus facile dorénavant. Dans sa première production (Mario Bros), elle livre une allégorie qui la rejoint beaucoup et qui nous révèle son conflit œdipien. C'est particulièrement drôle pour elle que Bowser vole l'amoureuse à Mario, car c'est ce qu'elle aimerait bien faire à sa mère ! Dans la deuxième production, je ne sais pas si elle parle d'elle-même à travers le personnage qui va se faire soigner à l'hôpital ou si elle parle de quelqu'un d'autre. Désir d'éloigner le père de la mère ? Envie de voir celle-ci quitter le royaume ? Dans la dernière production, elle simule un affrontement avec sa mère pour se disputer le père, me semble-t-il. Je crois qu'elle se profile derrière le pirate méchant. Quoi qu'il en soit, malgré mon sentiment d'être malhabile avec elle, elle est en train de se rétablir. Je trouve donc rassurant de constater qu'on peut aider même si tout n'est pas toujours aussi limpide qu'on le souhaiterait.

Question au superviseur

À partir de quel âge le père doit-il faire attention avec sa petite fille pour ne pas se montrer séducteur ? Par exemple, est-ce problématique que le père supervise sa fille de 5 ans pour le bain si sa conjointe n'est pas disponible ?

Superviseur

J'ai souri en lisant le récit que tu fais de sa mention des intentions de Bowser. Dans la deuxième allégorie, comme tu le laisses entrevoir, les bonshommes blessés qui s'éloignent figurent probablement le père qu'elle souhaiterait voir à distance de la mère. Le troisième jeu est typiquement œdipien : affrontement entre deux camps pour un enjeu (la bicyclette). Comme toi, je la verrais derrière le capitaine méchant. Elle pourrait avoir la conscience coupable de vouloir enlever le papa à la maman. Les œdipiennes font souvent de grands efforts pour éviter d'être découvertes dans leur désir profond. Elles peuvent tenter de semer celui ou celle qui pourrait deviner la nature véritable de celui-ci.

En réponse à ta question, l'idéal pour la surveillance du bain d'une fillette de cet âge, c'est que la maman s'en occupe. Mais le père peut encore le faire, pourvu qu'il fasse preuve de discrétion et qu'il évite de se montrer réceptif aux tentatives de séduction possibles de sa fille. Il faut cependant penser à passer bientôt à une autre façon de faire, plus en accord avec le besoin d'intimité de la fille.

Rencontre avec les parents

Les parents ont fait des modifications dans l'organisation et les routines à la maison. L'état de la petite s'est immédiatement amélioré. Les parents ont des questions sur l'œdipe. J'y réponds. Le père me dit que sa fille s'est beaucoup rapprochée de lui. Il me donne des exemples qui confirment clairement qu'il est maintenant la cible œdipienne aimée de la fillette. La mère persiste à dire qu'elle est en œdipe avec son frère, car quand elle lui demande si elle est amoureuse de papa, elle répond « non !!! ». (Il n'est pourtant pas surprenant qu'elle réponde ainsi à la mère rivale !) La mère est très préoccupée par son fils, car elle se rend compte qu'il a un problème (je suis maintenant convaincue qu'il vit également un conflit œdipien). Les parents disent qu'Agathe est plus enjouée et plus joyeuse. Elle ne parle plus de sa peur de s'étouffer, mais elle mange très peu. Elle garde un certain malaise face à l'alimentation.

Toutefois, elle n'est plus anxieuse comme antérieurement et, surtout, elle a de l'énergie. La mère dit que sa fille a gagné en maturité : elle pose maintenant des questions pertinentes, elle fait des liens plus facilement, elle nuance ses propos, elle s'exprime donc plus clairement et plus facilement, elle est plus facile à suivre et la communication est plus facile avec elle.

Quatorzième séance

Lors de son arrivée, Agathe me demande de lui dire : « T'es la première ! Y'a pas eu d'autre enfant ! » Tout au long de la séance, Agathe garde le même thème de jeu avec les mêmes personnages. Sa production est beaucoup plus facile à suivre, cette semaine. Avec quelques questions ponctuelles pour la soutenir dans l'élaboration de son scénario, j'obtiens une histoire cohérente avec un fil conducteur. Elle est pleine d'énergie et elle affiche une belle vivacité.

Jeu de l'enfant

Agathe met en scène une histoire d'amour entre une fille prénommée Page et Mario Bros. Il y a le méchant Bowser qui veut s'emparer de Page. Bowser a enlevé Page et il l'a enfermée dans son château. Page est en danger. Il y a également un trésor qui est caché loin et il appartient à Mario. Mario aussi est en danger. Il est loin dans les montagnes. Agathe dit que Mario est l'amoureux de Page. Bowser a enfermé Page en prison, car celle-ci ne veut pas l'aimer. Il voudrait qu'elle l'embrasse, mais elle ne veut pas. La fillette dit que Page est empoisonnée, car on lui a fait avaler un liquide noir. Elle a mal à sa gorge (Agathe fait mine d'avoir de la difficulté à avaler en se mettant la main sur la gorge, comme lorsqu'elle avait peur de s'étouffer).

Tout à coup, la fillette dit que Page est un bébé ; elle la couche alors dans un petit lit et elle dit que Mario est son papa. Son père va aller la chercher dans le château de Bowser. Ils vont grandir... Son papa est courageux. Il va traverser le feu pour la sauver.

A. : [Elle fait parler le papa.] Page ! Ton papa est là ! Oh ! Ma petite puce, Page !

Mario met Page dans son autobus. Elle n'était plus empoisonnée. C'est gagné ! Bowser n'est vraiment pas content.

Je lui demande s'il se pourrait qu'elle aime tellement son papa qu'elle souhaiterait qu'il soit son amoureux. Elle répond que ce n'est pas le cas, mais elle sourit. Et je lui demande s'il lui arrive d'être fâchée contre sa mère parce qu'elle occupe cette place privilégiée auprès de son père, place qu'elle-même souhaiterait tant avoir. Encore une fois, elle nie en souriant. (Pour la première fois, elle est attentive à mes interprétations et elle semble vraiment comprendre de quoi je parle.) Elle me dit qu'elle n'est amoureuse de personne, car elle n'aime pas ça, être amoureuse. Elle dit qu'elle est une petite fille, une enfant, et qu'elle est trop petite. Finalement, Bowser va capturer Page à nouveau ; Mario va alors dire : « Revenez avec moi, délicieuse Page ! » Il va la sauver de nouveau. L'histoire se termine ainsi : Mario et Page iront à un grand bal.

Commentaire

Agathe manifeste à son arrivée son désir d'être la seule enfant à rencontrer la thérapeute et, en même temps, son inquiétude à l'idée qu'il y en ait d'autres. Elle présente une scène typiquement œdipienne et, ma foi, très savoureuse. Je trouve cela très amusant. Évidemment, le père se profile derrière Mario, elle est derrière Page, et le rival, Bowser, personnifie vraisemblablement la mère. Manifestement, Agathe refuse d'avouer la vérité, tentant de brouiller les cartes en disant qu'elle n'aime personne et qu'elle est trop petite. Il est intéressant de constater qu'elle évoque par le fait même son désir de grandir et de devenir ainsi éventuellement la femme de son père. Le feu symbolise le désir amoureux visant le père. Intéressant, aussi, le lien qu'elle fait entre l'empoisonnement de Page et la difficulté d'avaler. Je crois qu'elle me confirme là mon hypothèse de départ voulant qu'elle ait vécu l'étouffement comme un châtiment infligé par sa mère pour la punir de désirer la figure paternelle. Incroyable, le cheminement en ce qui concerne la mentalisation ! C'est vraiment magnifique et très enrichissant pour moi. Avant de conclure à un TED, il faut être prudent et ne pas se fier qu'aux symptômes.

Supervision

Séance absolument magnifique! Bien sûr, Bowser figure la maman rivale. Agathe ne répond pas affirmativement à tes interprétations, c'est vrai, mais, France, porte attention à ce qui apparaît dans son jeu, après la deuxième question : sa vraie réponse, elle est là, et elle est affirmative. Il est très intéressant qu'elle ait simulé sa peur de l'étouffement. Elle a vraiment pensé que sa maman voulait l'empoisonner ou la faire s'étouffer.

Quinzième séance

Agathe est pétillante aujourd'hui à son arrivée. Elle court dans le corridor en criant, lorsque je vais la chercher. En entrant dans le local, elle me parle de son frère Émile, qui est malade. Elle dit qu'il fait une bronchite et qu'il doit prendre des antibiotiques. La mère me dit qu'Agathe s'oppose beaucoup à sa grand-mère ces temps-ci.

Jeu de l'enfant

Agathe prend l'ambulance et l'hôpital Playmobil. Elle dit que quelqu'un a mal aux jambes (personnage masculin) et c'est très urgent. Elle me dit : « Toi, tu vas être le docteur. Tu vas conduire l'ambulance. Moi, je vais soigner les jambes malades. » Elle ajoute qu'il y a un autre bonhomme qui a de la difficulté à marcher et puis un autre qui a des boutons et qui a de la difficulté à respirer. Elle dit que ça se passe à l'hôpital.

A. : France, tu dis : « Désolée, il est à l'hôpital. Il faut qu'il se soigne. »

Agathe change ensuite de jeu : elle sort le jeu Playmobil course de vélos. Elle délimite un endroit qui sera la ligne d'arrivée. Elle dit qu'il va y avoir une course, que l'un des bonshommes va gagner la course alors qu'un autre va perdre parce qu'il a de la difficulté à respirer.

Je lui demande qui est le bonhomme. Elle dit qu'il s'appelle Léo et que c'est son ami à la prématernelle. Elle explore le coffre-fort du jeu *police-voleur*. Elle dit que l'argent, c'est des médicaments. Puis elle revient à sa première scène. Elle dit que la madame à l'urgence donne des pilules. Elle donne des surprises aussi. Elle veut que les gens prennent bien leurs antibiotiques.

F. : Est-ce que ça t'inquiète, Agathe, quand ton frère Émile est malade ?

A. : Oui. Émile veut pas manger.

Elle revient à la course de vélo. Elle veut que je mette un collier en or à sa madame en vélo : « Wow ! Elle va être prête pour sa course ! Mais avant, elle doit placer ses choses et rien oublier. » Elle met de l'or et de l'argent (et vraisemblablement des médicaments) dans le bateau. Une dame conduit le bateau. Elle a un drapeau d'urgence. Elle embarque une autre dame, qui est malade. Ils s'en vont à Punta Cana. Elle fait « Bip ! Bip ! » Elle conduit bien. C'est la madame de l'urgence. Elle apporte les choses que les gens ont oubliées. Elle apporte aussi des jouets aux enfants. Elle revient ensuite aux vélos. Elle dit que la course commence et ajoute : « Elle va la battre ! » (Elle a ajouté « la maman d'Agathe » ; mais je ne suis pas tout à fait certaine d'avoir bien entendu).

A. : Regardez comme Agathe est rapide !

Elle dit qu'Agathe gagne le trophée. La maman de Léo arrive deuxième et la maman de « Sirop de maïs » arrive troisième. Le perdant est un garçon. Elle dit qu'il n'est pas chanceux, car il a perdu sa bicyclette. Elle s'exclame : « Agathe a gagné la victoire ! Elle a un trophée de princesse ! »

F. : Est-ce que ça t'arrive des fois de vouloir gagner sur maman à la maison ?

A. : Oui.

Les personnages reprennent la course, mais le perdant de la première course n'a pas assez d'énergie...

F. : Est-ce que ça t'arrive des fois de penser que c'est Émile maintenant qui a besoin d'aide ?

A. : Oui.

F. : Tu crois vraiment qu'Émile a besoin d'aide ?

A. : Émile va bien.

Puis elle termine par une nouvelle course, mais cette fois entre quatre personnages masculins. Michel est le plus fort et il va gagner. Toby arrive deuxième et Thomas, troisième. Thomas est le perdant. Il se cogne. Il n'a pas d'énergie. Il n'est pas assez bon. Il va se reprendre.

Commentaire

Il y a une grosse partie de ses préoccupations qui sont liées à l'état de santé de son frère et à sa visite à l'urgence. Cela semble l'inquiéter. Elle perçoit son frère en difficulté. Je ne sais pas si ces préoccupations sont en lien avec son œdipe. Je me demande également si elle ne cherche pas à me dire que son frère aurait besoin de mon aide. Au début de l'histoire, elle m'aide à soigner les malades. Je crois donc qu'elle ne se perçoit plus elle-même comme « malade ».

Il y a beaucoup de va-et-vient entre les deux scènes. Je me demande si elle n'est pas anxieuse dans cette séance ; c'est ce à quoi me renvoie son attitude survoltée dans le corridor. Les séances précédentes, j'avais cru comprendre qu'elle ressentait de la colère envers Émile. Comme il est malade, peut-être a-t-elle peur qu'il lui arrive quelque chose de grave et que ce soit sa faute.

La dame de l'urgence peut me représenter en tant que thérapeute, mais elle peut aussi représenter tout simplement la dame qu'Émile a rencontrée à l'urgence. Agathe semble éprouver beaucoup d'admiration pour cette dame, et aussi placer beaucoup d'espoir en cette personne afin qu'elle aide son frère à aller mieux.

Supervision

Dans la course de vélo, il est très clair à mes yeux qu'elle se mesure à sa mère. La rivalité œdipienne avec la figure maternelle est encore très présente, comme tu l'as vu. Comme toi, je pense qu'elle est préoccupée par la condition de son frère. Il n'est pas à écarter qu'elle veuille qu'il vienne te voir pour être guéri comme elle-même se sent guérie maintenant. Il est fort possible que l'état d'Émile ait influé sur son anxiété. La fillette peut se sentir responsable de sa condition, compte tenu des conflits inévitables entre frère et sœur.

Seizième séance

Deux semaines plus tard, Agathe arrive pleine d'énergie. Elle court dans le corridor en direction de la salle de jeu. Elle cherche à me taquiner. Sa mère me dit qu'Agathe s'est montrée très inquiète de mon absence. Elle se demandait bien pourquoi je n'étais pas là. Pendant la séance, elle se montre calme et centrée sur la tâche. Elle garde le même jeu et conserve le même thème tout au long de la rencontre. J'ai même pu, pour la première fois, avoir une conversation avec elle avec un contact visuel soutenu et des réponses claires. Aucune manifestation de rivalité ou d'opposition à mon égard. Aucune allusion à la crainte de s'étouffer. Discrètement, la mère me dit qu'Agathe s'est beaucoup rapprochée de son père. Elle est très clairement en œdipe avec lui et lui, de son côté, applique les recommandations pour éviter d'entretenir l'espoir chez elle. Même le frère Émile va mieux, au dire de la mère. C'est qu'ils ont modifié beaucoup de choses dans leur façon de faire à la maison depuis le début du suivi. Nous convenons d'une rencontre bilan avec les parents, la travailleuse sociale et moi-même.

Jeu de l'enfant

L'histoire se déroule dans un contexte scolaire. Ce sont deux garçons de 4 ans, Thomas et Jimmy, qui s'en vont en autobus à leur nouvelle école. Agathe dit : « Ça va être difficile, les devoirs. » Les papas les suivent dans une jeep. Il leur arrive une foule de difficultés. Ils ont une panne d'essence, ensuite la voiture se coince dans la boue, il y a des pièges, etc. Plus tard, ils vont changer leur auto pour une plus récente. Ils ne passeront plus dans la boue, mais ils vont se tromper de chemin. Agathe dit que le papa de Jérémy va le reconduire à la garderie. Il est le premier arrivé ; il est un peu gêné. Agathe va dessiner un peu au tableau et elle se met dans la peau de l'éducatrice de garderie qui fait des remontrances à Jérémy, car il n'a pas eu de bons comportements en ski. Il doit réparer ses bêtises. Puis un autre père doit aller reconduire son fils à la garderie. Il emprunte la jeep qui était brisée. Celle-ci a été réparée et elle va mieux. Ce père se trompe de chemin et se casse la jambe. Il s'est cogné sur le rocher et ça lui fait mal. Il doit aller à l'hôpital. L'enfant de 3 ans réconforte son père qui est souffrant. Le père laisse son fils à la garderie et s'en va à l'hôpital. Il va toujours rester à l'hôpital.

Commentaire

Je ressens concrètement le bien-être de la petite pendant mes rencontres avec elle. J'ai au fond de moi le sentiment qu'elle n'a plus besoin de venir en thérapie. Les parents ont cheminé comme ils devaient le faire. Dans cette séance, Agathe se montre préoccupée par une étape importante qui s'en vient pour elle, l'entrée à la maternelle, d'où le contexte de l'histoire. Je me demande si la maman, très anxieuse, ne lui a pas communiqué une certaine appréhension face à cela. Aussi les éléments œdipiens se manifestent-ils, à mon avis, par l'absence de « mamans » dans l'histoire. Les « papas » sont par contre très représentés. Peut-être l'angoisse de castration se manifeste-t-elle à travers tous ces malheurs qui leur arrivent. Je crois que le support identitaire est représenté par les garçons qui s'en vont à l'école ou à la garderie. La jeep qui allait mal et qui a été changée pour une neuve pourrait-elle représenter la famille d'Agathe, où les choses ne tournaient pas rond alors que maintenant, cela va beaucoup mieux ?

Supervision

Tu fais une lecture tout à fait adéquate de ton matériel. Je pense qu'elle a saisi qu'il lui faut le moins possible s'afficher dans un rapport seule à seul avec le père. C'est la raison pour laquelle le support identitaire est derrière cette série de garçons. Cela n'empêche pas le mouvement castrateur de se manifester, comme tu l'as bien vu. Je pense que ses tendances à occuper la fonction maternelle surgissent finalement derrière le rôle de l'éducatrice (qu'elle assume) : elle veut alors montrer qu'elle a les compétences pour être une bonne maman. C'est probablement la cause des contretemps que subit la figure paternelle. Je pense, moi aussi, qu'elle est prête à voler de ses propres ailes, mais donne-lui la possibilité, à la prochaine séance, de revenir une autre fois après deux semaines.

Rencontre avec les parents

Dans l'ensemble, les parents s'entendent pour dire qu'Agathe va beaucoup mieux et qu'il en va également de même pour leur fonctionnement familial dans son ensemble. Il est maintenant possible, pour les membres de la famille, d'avoir une conversation avec la fillette. Celle-ci tient des propos qui sont plus adaptés au contexte lorsqu'elle parle. Elle n'a plus de comportements d'opposition, mais elle sait s'affirmer. Elle a eu des manifestations œdipiennes très nettes visant le père. Ce dernier a appliqué les recommandations afin de mettre les choses au clair avec elle. Ces manifestations sont moins fréquentes désormais. La mère admet avoir encore de la difficulté à laisser les enfants faire les choses d'eux-mêmes. Elle est encore portée à agir à leur place. Elle dit également que bien qu'elle était déjà proche de sa fille, elles se sont davantage rapprochées dernièrement. Le mouvement d'identification semble avoir pris de l'intensité.

Dix-septième séance

Jeu de l'enfant

Agathe est contente et enjouée. Elle a hâte de raconter son histoire. Elle a souvent demandé à sa mère quand elle reviendrait me voir. Elle met en scène un scénario de course de vélos. Il y a quatre participants masculins. Toby va arriver premier, Xavier va être deuxième, Thomas sera troisième et Michel sera le perdant. Elle dit que « Michel ne veut plus faire de bicyclette, car il est tanné de perdre. Il n'arrivera jamais à gagner... » Agathe dit à Michel : « Tu vas te reprendre, hein, mon vieux ? » Elle ajoute : « Michel est triste, car c'est plate de perdre. J'veux qu'il gagne ». Mais ses amis sont rapides...

Agathe installe ensuite le poste de police pour les punitions et les réflexions. Il y a le château du tigre également. Au terme de sa défaite, Michel est attaqué ; il doit sauter pour s'échapper. Des policiers arrivent et ils vont arrêter Michel, car il n'est pas assez bon ; il parle de façon bizarre et on ne le reconnaît pas, ni ne le comprend. Il va être mis en prison dans le bateau des pirates.

F. : Est-ce que ça t'arrive de te sentir comme Michel ?

A. : Oui... non... [Elle ne le sait pas finalement.]

Michel a perdu sa casquette ; il est emprisonné. Il n'est pas content ; il se sent triste. Il est arrêté et il sera obligé de changer de pays. Il va être amené dans l'hélicoptère de police.

F. : Michel a-t-il fait quelque chose de mal ?

A. : Oui, il a dit des choses méchantes à ses amis.

Agathe dit que le pirate est seul dans son bateau. Il n'est l'ami de personne et il veut garder son trésor et capturer Michel. Il est méchant, le pirate ; il prend ses fusils et Michel a peur des fusils. Lui, il n'a plus le sien, car il est cassé.

Agathe délaisse ce jeu et s'intéresse à la maison de Bambine. Bien que je lui demande de me dire comment se termine sa première histoire, elle refuse et elle commence sa deuxième dès lors. Tout à coup, elle se montre brusque avec le matériel, au point où je me demande si elle est fâchée. Elle dit que Pauline, la petite sœur de Bambine, ne chante pas bien, car elle est petite. Bambine, elle, est grande et elle a de belles fleurs que sa mère lui a achetées. La famille ne veut pas que Pauline les aide dans les travaux, car elle est trop petite. Pauline va donc se reposer dans la chambre de Bambine. Ses parents finissent par s'ennuyer d'elle. Ils vont la chercher, mais elle ne veut plus d'eux. Elle veut s'en aller, car personne ne veut qu'elle fasse du nettoyage avec eux. Elle s'en va conduire une auto et elle est contente.

F. : Pauline n'aime pas ça qu'on lui dise qu'elle est trop petite et qu'elle n'est pas capable. Elle veut être grande et faire des choses de grande ?

A. : Oui.

Je lui annonce que la séance est terminée. Elle ne veut pas m'aider à ranger. Elle veut plutôt se cacher de sa mère pour lui jouer un tour.

Commentaire

Dans le premier jeu, je crois qu'Agathe se profile derrière Michel et la mère, derrière le pirate. Je vois dans ce jeu une manifestation du sentiment d'infériorité, l'impression de ne pas se sentir capable, de ne pas être à la hauteur, impression probablement consécutive à l'attitude de la mère qui fait trop à sa place. Pourrait-il également y avoir un début de renoncement, car « Michel trouve cela plate de perdre » ? On peut également observer l'angoisse de punition (punitions, réflexions et attaques à l'endroit de Michel) ; le mouvement castrateur paraît bien présent (le pirate terrorise Michel avec ses fusils et le fusil de Michel est cassé). Je crois que la charge émotive est grande, ce qui l'amène à vouloir changer brusquement de jeu et même à manifester une attitude ressemblant à de la colère. Dans la deuxième allégorie, je trouve que la fillette exprime assez clairement qu'elle en a assez qu'on la traite comme une petite, alors qu'elle veut devenir grande et faire les choses comme une grande. Je la revois dans deux semaines, possiblement pour la dernière fois. Cependant, je n'écarte pas la possibilité de prolonger un peu la thérapie si cela est nécessaire, et je reverrai certainement la mère seule avant d'y mettre fin pour lui transmettre certaines recommandations en lien avec le désir grandissant d'autonomie de sa fille.

Supervision

Je me suis demandé si elle n'assumait pas le rôle de la mère de Michel. Mais finalement, j'ai moi aussi pensé qu'elle se profilait derrière celui-ci. Il se pourrait qu'elle te propose un bilan de ce qu'elle était avant la thérapie (n'acceptant pas de perdre, étant lasse de perdre, disant des choses méchantes à ses amis, méritant d'être punie, etc.). Je vais dans la même direction que toi pour le deuxième jeu, sa demande étant : « Prenez-moi pour ce que je suis : une grande. »

Discussion avec l'orthophoniste

On se souviendra qu'Agathe a déjà été évaluée par une orthophoniste qui avait observé des particularités chez elle, notamment sa difficulté à maintenir le contact visuel, ses difficultés au niveau de la compréhension, sa tendance à sauter du coq à l'âne, et le manque fréquent de pertinence de ses propos ou sa propension à raconter des choses sans avoir mis son interlocuteur en contexte. À ce moment-là, l'orthophoniste avait évoqué la possibilité d'un TED. Les parents n'ont pas donné suite à la démarche. Ils se retrouvent donc environ un an et demi plus tard en consultation avec la pédiatre suite au refus de manger d'Agathe. La pédiatre suggère fortement de poursuivre l'évaluation en orthophonie puisqu'Agathe conserve une tendance à sauter du coq à l'âne et à tenir des propos hors contexte. Elle veut éliminer l'hypothèse de la dysphasie.

Au début de ma consultation avec Agathe, j'ai également remarqué les mêmes particularités, mais elle était alors en réaction post-traumatique. J'ai donc décidé d'attendre avant de donner suite. J'ai noté qu'en cours de thérapie, elle est devenue plus calme et concentrée, avec une meilleure capacité à garder le fil de son histoire et à avoir une conversation soutenue. Les parents ont observé les mêmes améliorations à la maison. Le père gardait toutefois un doute, persistant à dire que sa fille conservait des traits particuliers. De mon côté, ayant devant moi une enfant capable de jeu symbolique et clairement en œdipe, j'ai énergiquement soutenu devant mon équipe que je ne croyais pas qu'elle présentait un TED.

L'orthophoniste a lu le dossier, ainsi que mes notes. Elle est venue discuter avec moi, car elle se demandait quelle orientation donner à ce cas. L'enfant entrant à la maternelle en septembre, elle craignait qu'elle ait des difficultés importantes dans son cheminement scolaire, surtout au niveau de la compréhension. N'eût été mon opinion, je crois que l'orthophoniste aurait maintenu l'hypothèse d'un TED et aurait fait approfondir l'évaluation soit au Centre d'évaluation et de traitement intensif, soit au Centre de réadaptation en déficience physique. Elle a finalement plutôt opté pour un suivi en orthophonie au sein des services à l'élève, afin de surveiller la petite et de ne pas faire peur aux parents.

Dix-huitième séance

Agathe est souriante et un peu gênée. Il y a plus d'un mois que je ne l'ai vue, la mère n'étant pas disponible pour l'amener, car, étant enseignante, elle est en période intense de fin d'année scolaire. Il faut dire que ça allait mieux à la maison. Il n'y avait pas d'urgence. Une fois sa mère partie,

Agathe se met à jouer immédiatement. Elle s'intéressera à plusieurs jeux successivement, commençant chaque fois une histoire qu'elle ne poursuivra pas.

Jeu de l'enfant

> A. : J'veux t'faire une histoire. Jérémy, il perd tout le temps. Y'est pas chanceux. C'est la dernière course, c'est la finale. Il va perdre toujours, toujours... On va pas l'applaudir, il est pas assez bon. Des fois, il dit des niaiseries à sa sœur. La police veut pas que Jérémy s'échappe. Il faut que tu te caches, France, sinon la police va t'arrêter ! La policière va préparer la piste de course, mais elle doit aller à l'hôpital auparavant.

Elle ajoute : « Thomas est à l'hôpital. Il est mort. Il a eu un accident. On ne peut rien faire pour lui, c'est terminé... Nous, on est chanceux, car la police ne nous a pas arrêtés. Ouf ! on l'a échappé belle ! » Tout le monde est malade à l'hôpital, personne ne va s'en sortir. Agathe couche un bonhomme sur une civière. C'est Jérémy. Il a mal à la cheville. La police est gentille. Minnie sait quoi faire. La fillette prend le toutou Minnie, ainsi que le singe Thomas. Elle dit que Thomas a de la difficulté à manger. Il a mal au ventre. Minnie organise un pique-nique pour l'aider à manger. Thomas refuse de manger. Elle le laisse seul.

Elle s'intéresse pendant un temps aux personnages d'*Histoire de jouets*, puis à Mario Bros. Elle veut que je dessine Mario, comme je l'avais fait lors d'une séance précédente. Je l'invite à faire le dessin elle-même. Elle prétexte ne pas être capable. Je remarque qu'elle a tendance à ne pas se faire confiance lorsqu'elle doit faire des choses plus difficiles. Elle s'en remet rapidement à l'adulte pour qu'il fasse les choses à sa place.

Sur le tableau, elle réalise un dessin pour me décrire la maladie de Thomas. Son dessin est à première vue incompréhensible. « Je sais pourquoi la police voulait parler à Thomas », dit-elle. « Il a une infection dans son visage. Il a des cochonneries. Il aimerait être vivant. Il a des boules de feu dans son corps. Il ne peut pas s'en sortir. Il a des bibittes. Eurk ! C'est le tonnerre qui fait ça. Il avait fait une allergie. Ici, c'est son énergie. Puis ici, c'est des microbes et des gouttes d'orage. Il va mourir. Il peut pas guérir. C'est Thomas S. (S. est son propre nom de famille). Il va pas pouvoir faire la course. »

Agathe pose alors la question : « Est-ce qu'il y a une princesse ? » Elle prend le dragon. Il faut l'emprisonner avec du ruban adhésif, car il est méchant. Elle le colle sur le bureau. Il se libère. Elle sort le château et les personnages de chevaliers, roi et princesse. Elle met du temps à placer ses choses. Lorsque j'interviens pour l'amener à faire une histoire, cela semble la déranger. Elle a tendance à parler à voix très basse. Je réussis à savoir qu'il s'agit du roi, de la reine, sa femme, et de leur fille, la princesse. Le roi est fait prisonnier par un méchant qui lui jette un sort et le rend méchant. La reine et sa fille cherchent le roi, qui a disparu. Il réapparaît finalement, déguisé en méchant. Il leur lance des boules de feu. À la fin, la reine et sa fille vont lui remettre sa couronne de roi sur la tête et il va redevenir gentil.

Commentaire

Ce dossier me laisse perplexe. Il est vrai que si je la compare à d'autres enfants de son âge, même ceux de niveau affectif inférieur à elle, Agathe demeure beaucoup plus difficile à suivre dans ses allégories que les autres enfants. Comment peut-elle être œdipienne et aussi déroutante dans certains de ses propos ? Et il y a les autres professionnels autour qui cherchent à comprendre et à qui je dois expliquer mon point de vue. Bien que certains acquis demeurent (elle est nettement plus calme, non opposante, elle ne parle plus de la peur de s'étouffer, elle ne semble présenter aucun comportement capable d'inquiéter sa mère), elle tient encore par moments des propos qui paraissent décousus. Elle n'arrive pas à construire une histoire organisée sauf à la fin, suite aux questions que je lui pose. J'ai de la difficulté à maintenir un dialogue avec elle. Elle est souvent davantage dans sa bulle qu'avec moi. Elle m'interpelle souvent, mais elle répond peu ou de façon inappropriée lorsque c'est moi qui l'interpelle.

Normalement, selon ce que j'avais annoncé aux parents, ce serait ma dernière rencontre avec Agathe aujourd'hui. Je revois en principe les parents pour une dernière fois dans deux semaines. Cette rencontre pourra sûrement m'éclairer et me donner un portrait précis du fonctionnement de l'enfant à la maison. Je me demande si je dois poursuivre avec elle ou pas. Lorsque j'essaie de comprendre le contenu de ses productions d'aujourd'hui, dans un premier temps, je trouve cela bien pathétique de constater toute l'impuissance de ses personnages, incapables, « qui n'y arriveront jamais », qui sont malades ou morts. Cependant, dans un deuxième temps, je me dis que cela est peut-être davantage l'expression de sa défaite œdipienne, la mort de son projet de conquête et donc, des indices de son renoncement. L'angoisse de castration semble se manifester par la peur d'être arrêtée par la police. Tenant compte du fait que Thomas a souvent représenté son frère dans ses jeux, je me demande si elle ne perçoit pas un problème chez son frère. Le voit-elle en difficulté ou cherche-t-elle à le maintenir en position d'infériorité par rapport à elle ? Dans son histoire de princesse, le roi est le mari de la reine, ce qui est bon signe. Mais pourquoi se transforme-t-il en méchant ? Je me dis également que cette séance est peut-être un récapitulatif de son cheminement avec moi ; c'est peut-être la raison pour laquelle elle reprend ses jeux habituels l'un après l'autre en évoquant un bout de son histoire par chacun d'eux.

Ce n'est donc pas clair pour moi à ce moment-ci. Est-ce une enfant en difficulté ou pas ? Je ne m'attends pas que vous répondiez nécessairement à toutes mes questions, mais j'ai tout de même hâte de connaître votre point de vue.

Supervision

Sa dernière production est tout de même limpide : il se pourrait que derrière le dragon se profile la mère rivale qui rend le papa inaccessible au support identitaire, celui-ci étant la reine, et la princesse étant l'enfant qu'elle aimerait avoir donné au papa. Elle n'a que 5 ans et 4 mois ; il serait donc normal qu'il y ait remontée par moments du désir œdipien.

Il se pourrait toutefois que derrière la reine se profile la mère aimée (malgré tout) ; Agathe serait elle-même derrière la princesse, le dragon figurant toujours la mère rivale. « La rivalité avec la mère », nous dirait-elle alors, « a perturbé la vie de nous trois ; papa n'était pas aussi gentil avec moi qu'avec ma mère. Finalement, les choses se sont replacées entre nous et papa est redevenu comme avant. » C'est mon interprétation préférée. Comme toi, je pense que la première partie de la séance est très marquée par l'angoisse de castration et aussi par l'agressivité qu'elle ressent à l'endroit d'Émile. Encore là, c'est la petite œdipienne déçue qui se manifeste et qui veut faire payer son sort à sa mère et à son enfant préféré (de son point de vue). Il se peut également qu'Émile fasse l'objet de sa déception ou de sa rancœur, tout comme le père, car on ne peut oublier qu'à un certain moment, elle faisait montre d'être très amoureuse de son frère, celui-ci jouant alors le rôle de cible œdipienne substitut (à la place du père ou préparant l'entrée de celui-ci dans le rôle qui finalement allait être le sien). De toute manière, il est carrément impossible que cet enfant ait (ou ait eu) un TED.

Suivi post-thérapie

Dix mois plus tard

Agathe garderait une certaine difficulté au niveau de la compréhension et de l'organisation d'une tâche. Les spécialistes à l'école, dont l'orthophoniste, mais aussi la pédiatre, n'écartent pas la possibilité d'une dysphasie. La mère me dit que c'est incroyable tout ce que Agathe a appris au cours de la dernière année. Elle comprend encore aujourd'hui comment sa fille ignorait tout un tas de choses, même très simples. C'est comme si elle était en quelque sorte enfermée dans sa bulle par le passé et qu'elle n'avait pas fait tous ses apprentissages, rapporte la mère.

Comme le fonctionnement de la fillette continue de poser problème aux yeux du personnel scolaire et de la pédiatre, et aussi parce que les parents pensent qu'elle garde une certaine fragilité au niveau de l'anxiété alimentaire, j'ai décidé d'effectuer un suivi de sa situation. En fait, je veux m'assurer qu'elle a atteint la phase du renoncement œdipien afin de favoriser au maximum ses apprentissages.

Rencontre avec les parents (quelques jours plus tard)

La mère est très attentive à ce qui se passe chez sa fille. Elle craint qu'elle ait un problème. Elle en fait donc énormément. Elle va beaucoup au-devant d'elle. Elle a tendance à faire les choses à sa place, à aller au-devant de ses besoins, et même à la deviner ou à lui enlever les mots de la bouche. On se souvient que cette mère a une forte propension à l'anxiété. Elle a tendance à penser qu'il n'y a qu'elle qui peut vraiment comprendre sa fille. Si quelqu'un énonce un problème en lien avec celle-ci, elle a tendance à penser que cette personne ne sait tout simplement pas comment la prendre. Je dirais même que, durant la rencontre, elle a tendance à discréditer son conjoint en laissant sous-entendre qu'il est malhabile avec la petite. Je crois qu'elle prend énormément de place partout. Elle est enseignante à l'école de sa fille. L'enseignante d'Agathe m'a dit qu'elle intervient constamment dans le fonctionnement scolaire de la fillette, allant jusqu'à lui mettre ses vêtements d'extérieur lors de la récréation... Durant la rencontre, j'ai évidemment abordé la question du développement de l'autonomie et celle de l'implication nécessaire du papa auprès d'Agathe. Madame me voue une grande confiance. Elle semble même me placer sur un piédestal. Enfin, Agathe tient à ce que son père aille lui masser les pieds dans sa chambre avant de se coucher pour la nuit.

Dix-neuvième séance

J'avais mis fin à la thérapie il y a 11 mois. J'ai revu Agathe 4 mois plus tard et j'avais alors trouvé qu'elle avait beaucoup progressé. Je la revois aujourd'hui (sept mois plus tard) et je constate encore un grand progrès. J'ai pris l'initiative de lui proposer de prendre quelques minutes pour discuter ensemble avant de jouer. Je voulais qu'elle me parle d'elle et de son fonctionnement. Je suis encore sous le charme de la belle discussion que nous avons eue et qui aurait été impossible jadis. J'avais son attention, elle répondait bien et elle restait dans le sujet. Elle a accepté de retarder le début du jeu en réussissant à contenir son envie de jouer et en répondant à ma demande selon les attentes que j'avais énoncées.

Concernant le contenu de son jeu symbolique, il faut noter qu'Agathe s'est maintenue dans le même scénario tout au long de la séance. Il y avait plusieurs élaborations, mais elles étaient toutes liées par un même fil conducteur. Rappelons-nous que, par le passé, cette enfant faisait environ quatre histoires différentes en parallèle, passant de l'une à l'autre. Aujourd'hui, tout au long de l'élaboration de son jeu, elle est restée en contact avec moi en me racontant toute son histoire, étape par étape. Ceci est vraiment nouveau.

Jeu de l'enfant

Une femme nommée Marie a un bébé dans son ventre. Elle est couchée dans son lit d'hôpital et se prépare à avoir son bébé. Il y a une madame qui travaille à l'hôpital (elle dira un peu plus tard que cette dame est méchante). Marie accouche de son bébé et quitte ensuite l'hôpital. Devenue grande, dit-elle, Marie deviendra « surfeuse » (elle s'inspire alors du film Surfeuse dans l'âme, l'histoire d'une adolescente amputée d'un bras par un requin). Elle dit que le vrai père de Marie travaille dans la mer. Il est malade. Il est pris dans l'eau, il ne peut pas sortir. Il est attaqué. Il cherche des indices pour trouver de la nourriture, du poisson. Elle place le personnage dans un sous-marin.

Marie s'en va ensuite magasiner en hélicoptère à Québec. Il y a un méchant qui la capture, c'est le chef des pirates. Celui-ci la met en prison, car il veut avoir une blonde et un bébé. Le pirate a volé le bébé. C'est triste, car Marie est seule dans la prison, sans son bébé. Le pirate ne veut plus que Marie ait un bébé et une « job ».

F. : Qui est le père du bébé ?

A. : C'est lui [en parlant du père de Marie dans le sous-marin].

Des détectives et des policiers sont à la recherche d'indices pour trouver le trésor du méchant pirate et de son équipage. Ils ont trouvé la carte du trésor. Les pirates ont volé beaucoup d'or. Le méchant dragon cherche le bébé pour le capturer. Il ne dort pas la nuit, le dragon. À la fin, il sera mort. Un prince méchant cherche la princesse pour le pirate. Son cheval pue. La mère qui travaillait à la prison (voire à l'hôpital) est mise en prison, car elle voulait espionner.

Agathe introduit un nouveau personnage, soit la princesse blanche. Cette princesse va sombrer dans le sommeil. Un prince va l'embrasser pour la réveiller et ils vont se marier.

Je lui demande de me dire comment se termine l'histoire. Elle me dit que le méchant pirate va réussir à capturer Marie et à avoir le bébé. Marie sera en prison. Marie et son amoureux devront vivre sans enfant. Elle va retrouver son bébé à la fin. Le dragon va mourir étouffé avec un collier. Je lui demande quel personnage elle voudrait être dans l'histoire. Elle dit qu'elle voudrait être la princesse blanche.

F. : Je ne sais pas si tu vas t'en souvenir, mais à un moment donné, je t'avais posé une question. Je t'avais demandé s'il se pouvait que parce que tu aimes vraiment beaucoup ton papa, tu souhaiterais qu'il soit ton amoureux. Et bien aujourd'hui, je te redemande la même chose. Est-ce qu'il t'arrive encore parfois de souhaiter avoir papa pour amoureux ?

A. : Ben non, je suis son enfant. Moi, j'ai un ami et c'est Léo.

F. : Léo est ton ami ou ton amoureux ?

A. : Non, on n'est pas des adultes. C'est mon ami.

F. : Alors, tu ne souhaites pas, au fond de ton cœur, que papa soit ton amoureux ?

A. : Non, j'veux pas, c'est mon papa. C'est pas mon amoureux.

Commentaire

Magnifique séance! Quelle joie de constater l'évolution de cette enfant! Je crois que le personnage de Marie la représente dans ce qu'elle était jadis, alors qu'elle était dans la tourmente œdipienne. Le personnage dans le sous-marin me semble représenter le père désiré comme amoureux. Le méchant pirate semble figurer la rivale maternelle qui veut lui ravir son bébé, le cadeau qu'elle souhaitait recevoir du père (ou voir celui-ci recevoir d'elle) en signe de résonance à ses sentiments amoureux. Je pense donc qu'il est très positif que son bébé lui soit enlevé, aboutissement symbolisant l'interdit. Je crois que le personnage de la princesse blanche pourrait la représenter actuellement alors qu'elle est en quête d'un autre prince charmant, peut-être un jeune garçon de sa génération. J'ai trouvé très convaincante la manière dont elle a répondu à mon interprétation. Son ton était très assuré et sa réponse ne semblait pas défensive du tout. À la lumière de ces données, je dirais que le renoncement a été réalisé. J'ai hâte de lire ce que vous en pensez.

Supervision

Ce que tu proposes comme lecture me paraît tout à fait juste. Cette petite a renoncé à avoir son papa comme amoureux. Elle a définitivement orienté sa quête dans une autre direction. Elle se sent encore un peu coupable d'avoir désiré quelque chose qui pouvait heurter sa maman, d'où le maintien des manifestations du mouvement castrateur. Mais à la fin, Marie va retrouver son bébé, ce qui laisse voir que sa culpabilité va se décanter. Je tiens pour acquis comme toi que Marie et la princesse blanche sont des supports identitaires, mais ils évoluent à des moments fort différents de son développement. Belle séance, en effet, et une vraie belle évolution.

Autres nouvelles (quelques semaines plus tard)

Je viens de recevoir un témoignage très touchant qui m'a beaucoup émue... Après sa psychothérapie, on se rappellera qu'Agathe allait beaucoup mieux, mais elle gardait des particularités qui inquiétaient les autres professionnels impliqués. Ceux-ci s'interrogeaient sur la qualité de son intégration à la maternelle et de sa compréhension dans les tâches d'apprentissage. La pédiatre soupçonnait une dysphasie. Je crois qu'aux yeux de ces professionnels, j'étais la psychologue qui, emportée par l'optimisme, ne voulait pas voir la fillette telle qu'elle était et qui croyait toujours aux miracles. J'ai gardé le dossier ouvert et je viens de parler à la maman pour vérifier où en sont les choses. Cette dernière m'a décrit à quel point la petite a « débourré ». Il s'est produit chez elle des changements incroyables. La mère est rayonnante et elle dit que le suivi a même permis à toute la famille d'aller mieux. Elle me propose de revoir la petite une autre fois pour constater à quel point elle a changé et j'accepte. La mère dit : « Tu nous l'as sauvée. Il n'y a pas une semaine où l'on ne parle pas de toi à la maison. Tu fais partie de notre vie ». Agathe dit que plus tard, elle veut faire comme moi : aider les enfants qui ne veulent pas manger et qui ont des peurs !

Cela me motive encore plus à prioriser les tout-petits dans ma pratique. Je me demande combien d'enfants sont diagnostiqués à tort comme étant affligés par un TED non spécifié.

Supervision

De vraies belles choses pour toi et fort bien méritées ! Des témoignages du genre sont très énergisants et il importe de se les rappeler dans ces moments où le travail nous paraît plus difficile. Des enfants à faux diagnostic de TED, il y en a beaucoup en effet, et il en sera ainsi tant et aussi longtemps qu'on ne sera pas davantage en mesure d'analyser les productions ludiques fournies en séance. Je reviendrai là-dessus ci-dessous.

Commentaire du superviseur sur l'ensemble de la psychothérapie

Sans doute n'ai-je pas eu, contrairement à toi, à subir le questionnement et la remise en cause du diagnostic (absence de TED) des professionnels avec lesquels tu as eu à collaborer dans ce dossier. J'ai donc pu jouir d'un climat plus serein pour l'analyse de ce cas que celui dans lequel tu as baigné. Les attitudes de l'enfant et certains comportements atypiques que tu pouvais constater chez elle directement (ce qui ne m'était pas donné) pouvaient ébranler ton assurance par moments. Cela étant dit, le matériel produit par l'enfant en situation ludique m'a semblé d'entrée de jeu compatible avec l'hypothèse d'une problématique œdipienne. Comme je te l'ai souvent dit, à moins d'avoir traversé une histoire développementale compliquée et marquée d'événements ou de situations traumatiques, je n'écarte pas cette hypothèse d'un fonctionnement œdipien tant et aussi longtemps que des données cliniques de nature ludique ne m'y obligent pas ; « le jeu spontané fait foi de tout », ai-je l'habitude de répéter, tu le sais fort bien. Il se trouve que dès l'analyse du matériel des deux premières séances, j'étais relativement certain que non seulement Agathe n'était pas aux prises avec un TED, mais qu'elle présentait bien plutôt un mode de fonctionnement situé au niveau attendu chez un enfant bien portant de son âge. Je reconnais que les productions ludiques de la fillette ont été par moments complexes, je pourrais même dire singulières ou fort originales. Je n'ai pourtant jamais constaté la présence d'éléments pouvant remettre le moindrement en cause mon diagnostic initial. Bien au contraire, la lecture œdipienne du cas m'est toujours apparue comme étant celle qui, de la meilleure façon possible, pouvait rendre compte des éléments ludiques et transférentiels fournis au fil des séances. Si, dans une hypothèse de trouble envahissant de développement, il est pratiquement impossible de rendre compte de caractéristiques telles que la qualité et l'abondance des productions ludiques, de leur caractère triangulé notamment, il est relativement facile d'expliquer dans l'hypothèse d'un fonctionnement œdipien la présence de certaines attitudes ou de certains comportements assez souvent associés à un TED. Je reviendrai sur ce sujet dans mon commentaire sur l'ensemble de la thérapie de Loïc, cas que nous allons proposer au lecteur ci-après.

Autre commentaire sur le cas d'Agathe, qui portera cette fois sur la présence du frère aîné dans la triangulation œdipienne. Ce frère occupe manifestement au début de la thérapie la place habituellement tenue par le père ou la figure paternelle. Qu'un frère ou une sœur soit utilisé à ce titre se rencontre parfois, comme se rencontre également (et peut-être plus souvent) la reconnaissance ou l'utilisation d'un frère (ou d'une sœur pour les filles) comme figure rivale (phénomène fréquent chez les jumeaux de même sexe, notamment). On peut poser l'hypothèse que dans le cas d'Agathe, ce phénomène a découlé de l'investissement tout à fait particulier de la mère dans le frère, celle-ci ayant jeté son dévolu sur son fils probablement suite au défaut de présence ou de disponibilité de la part de son mari à son endroit. Il s'est avéré que cette situation n'allait être que transitoire, les sentiments amoureux de la fillette se déplaçant du frère vers le père dès que ce dernier a ajusté la fréquence et la qualité de ses interactions avec sa fille, selon la recommandation que tu lui avais faite.

Un commentaire final : le mouvement identificatoire accentué manifesté au terme de la thérapie semble s'être porté dans ta direction (plutôt que dans celle de la mère). Si tel est le cas, il n'y a en cela rien de vraiment surprenant : il ne faut pas oublier en effet que, d'une part, la thérapeute peut fort bien être considérée comme une figure maternelle, donc qu'elle peut être facilement associé à la maman, et que, d'autre part, la maman, par l'expression devant Agathe de ses sentiments de reconnaissance, de gratitude à ton endroit, s'est trouvée à valoriser ton implication dans son cas et, implicitement, à l'encourager à s'identifier à toi.

Chapitre troisième

Loïc

Âge : 5 ans et 8 mois au début de la psychothérapie.

Motif de consultation : difficultés au niveau social, agitation, difficulté de concentration, présomption de TED.

Notes tirées de l'anamnèse

La pédiatre de l'équipe adresse à la pédopsychiatre une demande de consultation pour Loïc parce qu'elle soupçonne chez lui la présence d'un syndrome d'Asperger. En effet, des comportements typiquement associés à ce trouble ont été observés chez cet enfant, tant de la part de la pédiatre que de celle de l'éducatrice. Au cours des six derniers mois, on a noté un contact visuel de courte durée et fuyant, des difficultés au niveau des habiletés sociales, de l'agitation, des difficultés de concentration, de l'eczéma, un attachement exagéré à certaines personnes (une éducatrice, un ami de la garderie et son grand-père), desquelles il ne peut se séparer sans être perturbé, une difficulté à manifester ses émotions, un manque d'habileté dans l'expression de l'affection aux pairs (il leur fait mal en les serrant trop fort), une conduite agressive à l'endroit de sa sœur de 2 ans (il s'occupe cependant très bien de la petite de 8 mois). En ce qui concerne le langage, il s'exprime bien, mais il fait du coq-à-l'âne et on perd facilement le fil de ce qu'il raconte. Il fait du bruit avec sa bouche et il manifeste des mimiques faciales. Entre 18 mois et 2 ans, il se cognait la tête violemment par terre lorsqu'il était frustré. Il peut faire du *flapping* lorsqu'il est content. Enfin, l'éducatrice rapporte qu'il ne semble pas différencier les sexes.

Selon les documents dans le dossier, le développement a été normal en ce qui concerne l'acquisition de la marche, de la propreté et du langage.

La pédopsychiatre me demande de faire une première évaluation préalablement à sa propre évaluation du cas.

Première séance

Loïc entre facilement en contact avec moi et il accepte sans difficulté que sa mère le laisse seul avec moi. C'est un enfant qui s'est montré facile tout au long de l'entrevue en ce sens qu'il était très calme et qu'il écoutait les consignes. Il démontre beaucoup de maladresse au plan de la motricité fine et globale. Il est toutefois bien en mesure d'interagir avec moi : il n'est pas dans sa « coquille », car il reste conscient du monde environnant ; il se montre même parfois distrait ou préoccupé par certains bruits ou certaines situations. Il comprend les consignes que je lui donne à condition qu'elles soient simples. Il se montre peu expressif en ce qui concerne ses émotions. Lorsqu'il commet une maladresse avec les jouets, il devient mal à l'aise et il a visiblement très peur de se faire gronder. C'est un enfant très attachant qui provoque chez moi un contre-transfert particulier, une envie de le prendre dans mes bras et de le materner. Il traîne avec lui un objet de caoutchouc qu'il s'amuse à étirer et à mettre dans sa bouche.

Jeu de l'enfant

Police-voleur

Loïc est capable d'élaborer une histoire très simple, mais il a besoin d'être soutenu dans l'élaboration par des questions fréquentes du genre : « Que se passe-t-il ensuite ? » Le thème de l'allégorie tourne autour du bien et du mal, du fait que quand on fait des choses pas correctes, on mérite d'être puni. Avant d'élaborer sa scène de jeu, il précise que le voleur pourrait courir, mais que le policier le rattraperait. Il prend la fourgonnette de police et met les voleurs dedans.

L. : J'commence à en avoir assez des voleurs !

F. : Qu'est-ce que tu vas faire avec eux ?

L. : J'vais les jeter en prison !

F. : Pourquoi ?

L. : Ils sont pas gentils, ils ne donnent pas le bon exemple. Ils volent l'argent, les pièces d'or et les fusils.

Il précise que les voleurs vont veiller dans la fourgonnette ; il couche les policiers dans le poste de police. Il prend l'hélicoptère de secours et dit qu'il y a un pompier mort dedans avec son « walkie-talkie ». Il organise une opération de secours. Il demande si un hélicoptère peut reculer. Il se laisse distraire par le bruit de l'ascenseur. Il va voir dehors par la fenêtre.

L. : Elle est où maman ?

Je lui réponds. Il me confie ensuite qu'il va à la petite école (garderie).

L. : Je déteste la petite école. J'aime mieux la grande école. Je déteste les bébés ! Ça sacre tout à terre... Je déteste ma sœur Mylène !

Il revient à la situation de jeu : « Là, c'est le bordel sur la table. Il y a beaucoup de jouets. S'ils sont gentils, les voleurs, je pourrais leur donner une promenade [en hélicoptère]. » Il ajoute ensuite que les policiers donnent une « ride » aux voleurs parce qu'ils ont été gentils. Puis ils doivent retourner en prison, car ils ne sont plus gentils. Il fait parler ses bonshommes entre eux.

Lorsque je lui annonce que la rencontre s'achève et qu'il faudra ranger bientôt, il devient très triste.

L. : J'avais beaucoup de plaisir...

Je tente de le consoler.

Il s'assoit dans la chaise et dit : « J'ai eu beaucoup de plaisir, mais là je n'ai plus de peine : je ne suis pas trop déçu parce que tantôt je vais avoir un ami chez moi. »

Après la séance, je discute brièvement avec la mère. J'apprends que l'acquisition de la propreté a été longue et difficile et que cela a nécessité des récompenses pour y parvenir. Madame m'apprend également que de 10 mois à 18 mois, Loïc a fréquenté une garderie où il ne recevait pas des soins adéquats. Elle s'est rendu compte qu'il était laissé à lui-même et qu'il n'avait pas de stimulation. Il pleurait beaucoup chaque matin lors du départ de la mère, et ce, pendant les 6 mois au cours desquels il a fréquenté cet endroit. La mère m'apprend enfin qu'à la suite d'un grave accident, le père est resté à la maison à temps plein entre les 12 et 48 mois de Loïc. Il est devenu sa principale figure d'attachement, même si la mère était présente à la maison. Lorsque le père a effectué son retour au travail, Loïc a réagi fortement.

Deuxième séance

Loïc arrive joyeux et souriant. Il a apporté ses cuillères et me montre comment il sait bien jouer de la cuillère. Sa mère confie qu'il a de bonnes aptitudes et beaucoup d'intérêt pour les instruments de musique.

Jeu de l'enfant

Police-voleur

Il commence par une série de questions : « Un fusil, c'est pour tuer ? Qu'est-ce que les policiers font si un voleur pleure ? Ça s'peut-i qu'un voleur pleure ? Est-ce que ça s'peut qu'une police meure ? Est-ce que ça s'peut qu'une police ait un accident ? » Puis, il parle de son grand-père. Il dit que c'est un fermier et qu'il est toujours un bon conducteur. Je lui demande de faire une histoire avec les jouets qu'il a choisis.

L. : Le voleur se couche dans le camion. Il veut voler le volant.

On appelle les polices, qui donnent une contravention aux voleurs. « Débarquez, maudits voleurs aux yeux rouges ! »

Il les met dans la fourgonnette. Il dit que quelqu'un a volé la pièce d'or. Un policier voulait l'or. Il est le propriétaire du coffre-fort. Il s'appelle Jean-Pierre et il va donner de l'argent à tous ceux qui en ont besoin. Si quelqu'un a besoin de lui, il va toujours les sauver. Le policier Réjean surveille le coffre-fort. Il fait une enquête. Goliath, le chien policier, surveille les voleurs. Le policier Rocky, qui est dans le bateau, va sauver les gens qui sont dans l'eau. Jean-Pierre donne tout son argent à Réjean et à Rocky, car ils n'en avaient pas. Le policier Jean-Pierre va mettre le feu dans le poste de police. Il n'en a plus besoin. Il veut déménager. Il dit que ce n'est pas vrai, que c'est une blague...

J'indique à Loïc que la rencontre est terminée. Il l'accepte bien, mais juste avant de partir, il se jette sur moi et m'enlace de ses bras.

Commentaire sur les deux premières séances

Je crois que cet enfant a évolué au cours des derniers mois, ce qui fait qu'il se présente à moi différemment. Même s'il ne semble pas être un cas d'Asperger, je crois qu'il a tout de même un important retard au niveau du développement affectif. L'épisode de la garderie semble être en cause. De même, le retour au travail du père ainsi que la naissance d'un deuxième enfant ont pu ébranler une nouvelle fois sa structure déjà fragile. Je le situerais dans le stade anaclitique de bas niveau. Il y a parfois des éléments particuliers, voire bizarres, qui émergent dans ses histoires. Je crois percevoir constamment dans ses jeux le bon objet versus le mauvais objet. Je crois qu'il peut se représenter à travers les personnages comme étant tantôt un mauvais objet méritant d'être puni, tantôt un bon objet méritant une récompense. Même chose pour la mère. Je pense que le besoin d'étayage se manifeste par le désir d'être sauvé ainsi que par le fait que le policier donne de l'or et de l'argent à ceux qui en ont besoin.

Supervision des deux premières séances

Je retiens l'hypothèse d'un fonctionnement œdipien dans le cas de ce garçon. Dans ces deux séances, il met en scène un affrontement entre deux camps (les policiers, c'est-à-dire son support identitaire, et les voleurs, la figure rivale) pour un enjeu qui est clairement défini : argent, pièces d'or et fusil (1ʳᵉ séance), volant et, surtout, or (2ᵉ séance). Je serais vraiment, mais vraiment surpris qu'il ne soit pas œdipien. Tu seras probablement un peu étonnée de mon diagnostic ; je dois t'avouer que j'ai vécu des situations semblables plusieurs fois et, en toute modestie, je dois te dire que je ne me suis jamais trompé. C'est le côté tout à fait puissant (et merveilleux) de la communication par le jeu que de permettre de discriminer ce qui est trouble envahissant du développement et ce qui ne l'est pas. Ce garçon a une qualité de mentalisation qui est tout à fait incompatible avec un diagnostic de TED.

La thérapie ne devrait pas avoir besoin d'être bien longue. Il faudrait probablement comprendre l'agressivité à l'endroit de la sœur de 2 ans comme une manifestation de la rancune que Loïc ressent du fait qu'elle est à ses yeux le cadeau que son père, rival œdipien, a donné à sa mère (il avait alors plus de trois ans). Sur le plan imaginaire, il considère probablement la dernière comme son bébé à lui. Vraiment intéressant comme cas. Tu vas avoir beaucoup de plaisir à accompagner cet enfant.

Troisième séance

Loïc arrive un peu maussade, car il est mécontent. Sa mère m'explique que comme ils vont à la plage cet après-midi, elle a invité une petite amie. Or, ce n'est pas cette amie-là que Loïc voulait qu'elle invite, mais plutôt une autre. Madame saisit cette occasion pour me dire que Loïc ne se satisfait jamais de rien. « C'est jamais correct et c'est jamais assez », dit-elle. « Devant tout ce qu'on lui donne, il rétorque que ce n'est pas ceci qu'il voulait, mais plutôt cela », ajoute-t-elle. « On lui décrocherait la lune qu'il nous dirait que ce n'est pas assez. » Elle précise qu'elle et son mari sont l'encadrent bien, mais comme il va souvent chez ses grands-parents paternels et que ceux-ci lui donnent tout ce qu'il veut, elle et son mari pensent que cela n'est pas étranger au problème qu'elle vient d'exposer. Elle conclut en me disant que Loïc était cependant très content de venir à la rencontre ce matin.

Loïc me raconte d'entrée de jeu que cet été, il a beaucoup travaillé à la ferme de son grand-père paternel et que cela l'a beaucoup fatigué. Il affirme fièrement : « Je conduis le tracteur à mon grand-père. » Il me parle alors des tracteurs de son grand-père, de leur force et de leur marque.

Jeu de l'enfant

Camions de police et de pompier

Loïc choisit deux camions, un de police et l'autre de pompier. Il dit qu'ils font la course et qu'ils vont se chicaner. Ils veulent voir qui va aller à la décharge des gros camions. Le camion de pompier fonce dans le camion de police. Le conducteur du camion de pompier est invisible. Le camion de pompier frappe une branche et tombe dans un trou. « Y'était pas un bon chauffeur », dit Loïc. « C'est le camion de police qui a foncé dedans pour gagner. » Il confie : « Moi plus tard, j'veux pas conduire un camion de police. J'veux conduire un gros gros camion comme mon père : un Sterling. » Il revient à son histoire. Il dit : « Le camion de police vient de pogner une branche glissante et il tombe à son tour dans le trou. Y'a un bateau de secours qui va "full vite". Il pogne une roche. Il essaie de s'en sortir. Quand il s'est dépris, ça a fait deux trous et il coule sur le top. Finalement, personne ne réussit à se sauver. Ils vont manquer d'air. Ils seront pas capables de s'en sortir. »

Loïc délaisse son jeu et il va s'asseoir sur une chaise de grand. Il me demande si je vais partir tard ce soir. Il me dit qu'il va me raconter quelque chose. Il prend son air grave et me dit : « Écoute-moi. » Il me raconte qu'il conduisait le tracteur de son grand-père, celui-ci se trouvant avec lui et qu'il a « pogné le clos. » Il précise : « Moi et mon grand-père, on n'était pas morts. »

F. : As-tu eu peur ?

L. : Oui... Des fois, grand-père me demande de faire des choses, j'sais pas comment, c'est trop compliqué. Il disait que je pouvais presque conduire seul...

Loïc parle de sa sortie à la plage prévue pour l'après-midi. « Tantôt, j'vais aller à la plage avec Justine, une amie de la garderie. » Il me raconte qu'une dame à l'épicerie était mécontente, car il avait touché à son panier et sa mère a un peu chicané la dame. Il veut arroser ma plante, mais il n'y a pas d'eau dans l'arrosoir. Il dit qu'il n'a plus envie de jouer, car il est fatigué. Il veut plutôt dessiner. Il dessine un gros tourbillon, une tornade qui va détruire la ferme de son grand-père. Il dit que les animaux vont pourrir et les tracteurs vont prendre en feu. Il parle de certaines de ses peurs, notamment la peur des écrevisses et des ombrages dans sa chambre. Il termine en disant qu'au Xbox, c'est lui le plus fort.

La séance est terminée. Sa mère vient le chercher et il commence à essayer de la convaincre d'inviter la petite amie qu'il préfère. Sa mère reste sur sa position et il quitte le local en pleurant à chaudes larmes et en suppliant sa mère de changer d'idée.

Commentaire

Je crois que vous aviez bien raison : cet enfant est un petit œdipien. On peut constater en début d'entrevue comment il essaie de se faire valoir et de se montrer à la hauteur des autres hommes, capable de se mesurer à eux et de faire des travaux d'homme. Son allégorie est un affrontement entre deux camps (les deux camions) pour un enjeu (l'accès à la décharge des gros camions). Je serais portée à penser qu'il se profile derrière le camion de police, et la figure rivale, le père, derrière le camion de pompier. On voit l'agressivité à l'endroit de la figure rivale (il a foncé dans le camion de pompier), le désir de le supplanter (il n'était pas un bon chauffeur), et ensuite la victoire, de courte durée, car le mouvement castrateur fait son entrée (il tombe à son tour dans le trou) et prend de la force au fil du déroulement de la séance (le fait de manquer d'air, de ne pas s'en sortir, la tornade et ses conséquences, sa peur des écrevisses et des ombres, etc.) Sur ce terrain, comment comprendre sa tendance à ne jamais se satisfaire de ce qu'on lui donne ? Est-ce une façon pour lui de dire qu'il est grand et qu'il veut décider pour lui-même ou est-ce une façon d'attirer sur lui l'attention de la mère ?

Supervision

Pourquoi est-il souvent insatisfait de ce qu'on lui donne ? Ton hypothèse est bonne (une façon pour lui de dire qu'il est grand et qu'il veut décider pour lui-même, ou une façon d'attirer sur lui l'attention de la mère avec le reproche « Tu ne m'en donnes pas assez » ou « Tu ne me donnes pas ce que je veux ardemment »). Les petits œdipiens sont très souvent opposants ou se manifestent comme des insatisfaits chroniques, parce que la figure maternelle ne leur donne pas ce qu'ils attendent : c'est-à-dire, la résonance de leurs sentiments amoureux. Peut-être qu'à ses yeux, l'autre petite copine se prêtait-elle mieux à ce moment d'accès privilégié à la mère. Il faut vérifier si la mère ne le sollicite pas inconsciemment ou si elle n'encourage pas chez lui sans s'en rendre compte l'illusion que son projet de conquête va se réaliser. Note qu'il veut arroser ta plante : il doit se conduire comme cela avec la mère pour lui démontrer qu'il peut être son homme.

Quatrième séance

Loïc arrive, fier de me dire qu'après notre rencontre, il ira acheter son matériel scolaire pour sa rentrée en maternelle. Pour jouer, il choisit le bateau de pirates.

Jeu de l'enfant

Bateau de pirates Playmobil

L. : Je prépare le trésor. Un gros bateau de pirates allait sur les sept mers.

Il raconte que le bateau part. Il prépare le canon, car c'est un bateau armé.

L. : « À bord, moussaillons ! », dit le capitaine. « À l'attaque ! »

Les pirates vont aller chercher le trésor. Il a déposé le coffre un peu plus loin sur la table. Je lui demande où se trouve le coffre et il me répond qu'il se trouve dans une mer en Gaspésie. Il dit qu'un bateau de police arrive et qu'il vient pour arrêter le bateau de pirates. Il dit que le plus fort, c'est le bateau de police. Les méchants, ce sont les pirates. Le bateau de police fonce sur le bateau de pirates et le renverse. Il coule. Les policiers tirent sur les pirates avec leur canon et ils les tuent. Les policiers vont chercher le trésor. Il sera à eux maintenant. Puis Loïc décide que, finalement, les pirates ne sont pas morts, car les policiers les ont manqués. Le capitaine des pirates prend un canon et tue le policier. Le bateau sera à lui maintenant. Loïc explore le matériel pendant quelques minutes, puis il dit que le policier avait fait semblant d'être mort. Les pirates remettent leur bateau à flot tandis que le bateau des policiers coule à son tour, car il y a un trou dans sa coque. Les policiers sont donc morts, ils n'ont pas eu de chance. Loïc affirme que l'histoire se termine ainsi : « Les pirates récupèrent le trésor, car il était à eux. »

F. : Est-ce que ça t'arrive parfois, Loïc, de penser que tu aimes tellement ta maman que tu aimerais être son amoureux ?

Il me jette un regard, affichant un petit sourire en coin. Il ne répond pas et il continue de fouiller dans l'étagère à jouets.

F. : Est-ce que ça se pourrait que tu aimerais être l'amoureux de maman et prendre la place de papa pour devenir son homme ?

L. : Ben... mon amoureuse, c'est Justine, une amie de la garderie (il s'agit de la petite fille qu'il aurait aimé avoir avec lui lors de la sortie à la plage la semaine précédente et pour la présence de laquelle il a pleuré à chaudes larmes).

F. : Tu l'aimes, Justine ?

L. : Oui. J'espère qu'elle ne voudra pas changer d'amoureux.

Il s'assoit dans la petite chaise berçante et nous échangeons quelques minutes avant la fin de la séance. Avant de partir, il me saute dans les bras pour me faire un câlin.

Commentaire

Nul doute à présent sur son fonctionnement dynamique. Votre hypothèse est confirmée. J'ai tendance à penser qu'il se profile derrière les pirates, la police représentant la figure rivale, le père, et le trésor étant l'enjeu de l'affrontement. Il semble aimer beaucoup Justine. Est-ce une façon de masquer ses sentiments envers sa mère ?

Supervision

En effet, pas de doute possible. Il est effectivement derrière les pirates. La mention de ses sentiments pour Justine n'est-elle rien d'autre qu'une stratégie permettant de masquer ses sentiments envers sa mère? C'est la meilleure hypothèse à ce moment-ci, car si Justine ne masquait pas la mère, Loïc n'aurait pas les comportements problématiques qu'il a présentement. Mais n'écartons pas pour autant l'hypothèse d'un début de transfert des sentiments amoureux du garçon de la mère vers la fillette. La suite va nous éclairer sur ce point. Très beau travail de ta part.

Cinquième séance

Jeu de l'enfant

Police-voleur

Loïc met un policier et un chien dans la fourgonnette. Il dit que le chien va surveiller les voleurs. Il met de l'argent dans le coffre-fort. Il met tout ce qu'il y a. Il dit qu'il n'y en a pas assez. Il va chercher les pièces d'or dans le bateau de pirates pour les ajouter au contenu du coffre. Il manipule longtemps le matériel. Il veut qu'il y ait beaucoup de choses dans le coffre-fort. Il y ajoute toutes sortes de petits objets. Loïc dit que le policier stationne sa fourgonnette sur le bord et qu'il parle au « walkie-talkie ». (Il semble y avoir toujours quelque chose qui cloche ou qui ne marche pas à son goût aujourd'hui.)

L. : C'est trop dur, raconter une histoire comme ça !

F. : Est-ce que ça se pourrait, Loïc, qu'aujourd'hui tu n'aies pas tellement le goût de raconter une histoire ?

L. : Ouais...

Il enchaîne : « Bon, là j'suis prêt ! » Il place deux camions. Il dit que la fourgonnette de police veut faire la circulation. Il place un cône.

L. : J'ai pas envie de jouer...

Comme la rencontre achève, je lui demande s'il préfère que nous nous arrêtions là. Il décide de revenir jouer. Il dit qu'un policier doit se faire soigner. Puis il fait la moue et dit qu'il n'a plus envie de jouer. Il décide de mettre fin à la rencontre et d'aller chercher sa mère.

Commentaire

Je crois que mon interprétation de la semaine passée a eu tout un effet sur lui ! Il s'est montré incapable de se livrer aujourd'hui. Il semblait vivre un combat entre le désir de s'exprimer et la peur d'être à nouveau deviné, d'où sa phrase : « C'est trop dur, raconter une histoire comme ça ! ». Je crois qu'il s'apprêtait à mettre en scène un affrontement entre les policiers et les voleurs pour le coffre-fort, l'enjeu de l'affrontement. Par son insistance sur la quantité d'or et d'argent à mettre dans le coffre et le fait qu'il n'y en avait jamais assez, il a semblé exprimer ses sentiments à l'égard de sa mère : il l'aime ardemment, il souhaite qu'elle l'aime aussi fortement, mais en fin de compte, ce qu'il obtient n'est pas suffisant pour le satisfaire. Nous verrons si à la prochaine séance, il s'en sera remis et s'il pourra produire à nouveau à son aise.

Supervision

Ton commentaire frappe dans le mille. Rien à ajouter, sinon qu'il mentionne que le policier, c.-à-d. son support identitaire, doit se faire soigner... Quelle belle lucidité !

Rencontre avec les parents

La rencontre fut agréable. Ces parents collaborent très bien. Monsieur se dit proche de son fils. Loïc semble en effet beaucoup plus « accroché » à son père qu'à sa mère. On se rappelle que le père a été très présent dans la vie de l'enfant en bas âge, notamment dans la période d'invalidité consécutive à un accident. Le père est camionneur ; il s'occupe beaucoup des enfants et il passe beaucoup de temps avec eux. Il confie avoir eu un vécu scolaire difficile, car il était très souvent dans la lune. Il dit faire encore des cauchemars se rapportant à cette période de sa vie. Il tente tout de même de parler positivement de l'école avec son fils.

Madame, quant à elle, avoue ne pas aimer jouer avec les enfants. Elle est exigeante à cause de son éducation : il faut que les choses se fassent rapidement. « Je sens que je presse constamment mon fils », avoue-t-elle. Elle reconnaît qu'elle est excessive sur ce plan. Elle confie ne pas s'être encore remise de sa dépression post-partum liée à sa 3e grossesse.

Elle avoue avoir la mèche courte et « ne pas avoir le goût de grand-chose ». Elle s'efforce tout de même de faire des activités spéciales avec Loïc comme des sorties seule avec lui. Comme il n'est jamais satisfait de ce qu'elle lui donne, elle conclut : « Je n'arrive pas à le rendre heureux. » Elle en vient à avouer souffrir d'un trouble obsessif compulsif.

Madame parle ensuite de son propre père. Elle le décrit comme un homme exigeant. « Ce fut le drame de mon enfance », dit-elle. Sa sœur et elle-même devaient être performantes, tant à l'école que sur la ferme. N'ayant pas eu de fils, ce père s'est énormément investi dans son petit-fils, Loïc. Il le fait participer à tout ce qu'il fait sur la ferme. Il lui a acheté son propre chariot et son propre coffre à outils. Il lui apprend à conduire les tracteurs. Loïc conduit son propre quatre-roues. « On dirait parfois que mon père pense que Loïc a 10 ans », dit la mère. Le garçon est très choyé par ses grands-parents maternels, obtenant d'eux beaucoup de privilèges et de permissions. Le grand-père peut tout de même être autoritaire et encadrant lorsque cela est nécessaire, et Loïc lui obéit. Les parents de Loïc sont contents de voir leur fils aussi choyé, mais en même temps, ils y voient un problème : Loïc aime davantage être chez ses grands-parents que chez eux. Il est malhabile avec les enfants de son âge, car il grandit dans un monde d'adultes. Il n'accepte pas de se faire dire non, car il est habitué à avoir ce qu'il veut. Il ne joue pas comme les enfants de son âge puisque la ferme de son grand-père est son terrain de jeu. « Quoi de mieux que de jouer avec un vrai tracteur ? », s'exclame le père. Il est prévu que les grands-parents lèguent leur ferme à Loïc.

Il s'avère que la mère doit modifier plusieurs attitudes et comportements avec Loïc en raison du complexe d'Œdipe. Elle doit écarter les attitudes ambiguës que le garçon peut interpréter comme une ouverture à son projet de conquête. La mère se montre ouverte à effectuer les modifications.

Sixième séance

Loïc parle de sa rentrée scolaire à la maternelle. Il dit que cela s'est bien passé, si ce n'est qu'il s'est trompé d'autobus. Je saisis que cet événement fut un peu stressant pour lui. Il dit que « c'est difficile » d'aller à l'école. D'ailleurs, à la fin de l'entrevue, il cherchera à convaincre sa mère de ne pas l'y envoyer. Madame dit que « déjà, il n'aime pas aller à l'école... ». Loïc rétorquera qu'il aime bien jouer avec Alycia à l'école.

Jeu de l'enfant

Le garçon tarde à se mettre à la tâche. Il tourne en rond dans le local. Je l'invite à explorer le matériel. Je lui montre le château Playmobil. Il décide de jouer avec. Il dit qu'il y a un méchant. Il annonce : « Ils le mettent en prison ». Il s'amuse avec la catapulte. Il essaie de faire ouvrir le trou dans le mur en tirant dedans avec la catapulte. Il dit qu'un chevalier avec son armure se promène avec son beau cheval. Il faut qu'il aille attaquer les méchants. Il part donc avec son bon ami. Tous les deux, ils courent jusqu'à la catapulte. Les deux amis s'appellent Joal et Joalal.

L. : On va faire exploser une bonne balle de feu !

Il précise qu'il y a un coffre aux trésors rempli d'or. Je lui demande à qui il appartient. Il dit qu'il appartient aux deux chevaliers. Puis il y a un temps de silence et même d'arrêt. J'essaie de le soutenir et de l'encourager à poursuivre son histoire.

L. : J'sais pas jouer avec ça.

Je lui fais remarquer que jusqu'à présent, il a très bien su jouer avec les jouets et qu'il se débrouille fort bien.

Il dit que la catapulte est une catapulte magique. Il dit que les chevaliers essaient d'attaquer le méchant qui est en prison. Je lui demande pourquoi ils veulent l'attaquer. Il dit qu'il y a une princesse méchante avec un amoureux méchant. Ils s'embrassent. (Loïc fait s'embrasser ses personnages, mime les gestes, les sons et tout le tralala !) Ils sont mis en prison par un monsieur invisible qui savait que c'était des méchants. Avec la catapulte, il lance une roche sur le couple de méchants.

L. : Son amoureux est mort... Elle aussi... Il n'y a plus de méchants...

Je lui demande ce qu'il advient des chevaliers. Il dit qu'il y a une amoureuse gentille et qu'elle est à l'un des chevaliers. Il est devenu amoureux. Ils s'embrassent (il mime une seconde fois la scène). Ils sont mariés.

L. : Mettons que tu serais une méchante. Moi, je serais un chevalier aux doigts de feu et je te brûlerais le bras.

Il fait semblant de me brûler. Je fais semblant que ça fait mal. Il décide de lui-même que la rencontre est terminée. C'est à ce moment qu'il supplie sa mère de ne pas le conduire à l'école.

Commentaire

Dans cette séance, Loïc met en scène un affrontement entre deux camps pour un enjeu, le coffre d'or. Il se profile derrière le chevalier et le méchant constitue la figure rivale, en l'occurrence le père. Je crois que la mère est perçue comme étant méchante et il fait mourir le couple de méchants (père et mère) pour ensuite faire apparaître une amoureuse gentille, ce qu'il voudrait bien que sa mère soit pour lui. Il réalise son fantasme dans son jeu et la princesse gentille devient son amoureuse. Dans le petit jeu de rôle de la fin, il transfère sa colère sur moi, substitut de la figure maternelle. Je crois que la mère peut se montrer très « frustrante » à son endroit par moments, et très séductrice à d'autres moments. J'irais plus loin en émettant l'hypothèse qu'elle est elle-même aux prises avec un conflit œdipien non résolu et que Loïc pourrait être le cadeau qu'elle a offert à son père. C'est un beau dossier. Il y a de l'ouverture de la part de tous les membres de la famille pour remettre en question certaines façons de faire.

Supervision

Tu lis parfaitement ton matériel et je suis tout à fait d'accord avec ton hypothèse sur l'œdipe non résolu de la mère. Le contenu du jeu révèle vraiment une dynamique œdipienne en pleine turbulence. Tu peux revenir avec l'interprétation concernant son désir d'être le vrai confident, l'amoureux de sa maman et son désir de supplanter le papa.

Septième séance

La mère me dit discrètement que Loïc a beaucoup de difficulté à accepter de se faire dire non cette semaine. Il fait des crises interminables et il se montre très tenace. Elle me demande des conseils en rapport à sa fille de 16 mois qui ne dort pas la nuit depuis quelques mois. Également, elle me demande comment trouver une ressource pour elle-même. Elle se sent toujours dépressive. Elle n'a plus le goût de se maquiller, ni de se coiffer. J'apprends qu'elle a fait une demande de consultation au CLSC en juillet pour un problème de consommation d'alcool à la suite d'une menace de rupture de la part de son conjoint.

Jeu de l'enfant

Loïc dit que sa semaine s'est bien passée à l'école ; il confie qu'il aime ça y aller, mais il trouve que c'est trop long. Il dit que des fois il s'ennuie de ses parents. « C'est ennuyant de rester là. »

Il manifeste le désir d'arroser mes plantes, mais il y a très peu d'eau dans l'arrosoir.

F. : Est-ce que tu chercherais à me montrer que tu peux être un bon homme pour une femme, Loïc ?

L. : C'est pas vrai pantoute ! Une bonne fois je vais amener ma guitare et je vais te jouer quelques notes. Je sais chanter aussi. Je chante du Cayouche.

Il va du côté des jouets. Il manipule l'hélicoptère de secours. Il joue avec le fil. Il sort la fourgonnette de police et l'ambulance.

L. : Bon là, j'vais commencer mon histoire. C'est une course. C'est vert. Ils partent.

Il précise que c'est un camion de pompier et un camion de police qui font une course l'un contre l'autre. Ils se foncent dedans. « Ils sont collés. J'ai gagné ! », dit la police. Le pompier n'a pas été assez rapide.

Puis, il va s'asseoir sur la petite chaise berçante. Il cherche à sortir du local. Il veut aller voir la cafétéria de l'hôpital. Il me demande d'aller la lui montrer. Je lui dis non. Il veut aller demander à sa mère de l'y accompagner.

F. : Il faut que nous restions ici. C'est ton moment pour jouer.

L. : J'sais pas à quoi jouer.

Il prend alors une jeep, une remorque, deux motocross et un sous-marin. Il dit qu'une jeep transporte les motocross. Le bac bleu est un océan. Le sous-marin est dans le lac et il y a un pont. Il narre : « Les motocross vont faire un "show de boucane". La jeep est magique. Elle peut aller dans l'eau. Elle vole jusqu'à la mer. Elle voit un sous-marin. Le sous-marin est magique aussi. La jeep peut transporter le sous-marin dans son trailer. Les motocross ont débarqué du trailer, car ils avaient peur qu'il y ait des messieurs invisibles. Le sous-marin a décidé de retourner au fond du lac. C'est le monsieur de la jeep qui l'a retourné au fond du lac. »

F. : Est-ce que ça se pourrait Loïc que tu aimes beaucoup maman et que tu aimerais qu'elle soit ton amoureuse ?

L. : Non... (sourire) Pourquoi tu dis ca ? Non !

Commentaire

La mère a vraiment besoin d'aide. J'ai entrepris des démarches pour l'aider à se trouver une ressource. Au début de la séance, il semble y avoir un transfert des sentiments œdipiens de Loïc sur la thérapeute. Il confirme mon interprétation en disant qu'il veut me jouer de la guitare.

Plus tard, il cherche même à m'entraîner à l'extérieur du cadre. Il simule un affrontement avec la figure rivale lors de la course des deux camions. Il remporte la victoire. Dans la dernière scène, je crois que son support identitaire est la jeep, la figure maternelle me semblant être représentée par le sous-marin et la figure rivale, par les motocross. Il prend le sous-marin avec lui et les motocross se sauvent (désir de tasser la figure rivale). La fin m'interpelle puisque le sous-marin retourne à la mer et c'est la jeep qui décide de le retourner au fond. Tout cela est de bon augure, il me semble, car lorsqu'un garçon est rendu à transférer ses sentiments amoureux sur sa thérapeute, c'est habituellement indicatif d'une belle progression dans le processus. Sans parler de renoncement, le fait qu'il accepte de retourner le sous-marin dans la mer semble démontrer que les choses bougent en lui.

Supervision

Peu de choses ici encore à ajouter à ton analyse. Pour ma part, je vois comme positif qu'il retourne le sous-marin au fond du lac, car c'est son milieu naturel : on peut comprendre cela comme un geste délicat, qui laisse voir la capacité de prendre en considération les besoins de l'autre, ici de la figure maternelle, comme tu l'as bien vu. Il est possible que les motocross figurent aussi ton conjoint présumé par lui. Très révélatrice, sa réaction à ta première interrogation : il s'est exprimé d'une manière non verbale, mais par ses actions, il pourrait t'avoir dit : « C'est toi maintenant que je veux comme amoureuse », ce qui irait bien avec son « C'est pas vrai pantoute. »

Huitième séance

La mère entreprend un suivi psychologique pour elle-même la semaine prochaine. Elle en est très heureuse. Cela sera sûrement très bénéfique pour Loïc aussi. C'est une mère qui, malgré ses difficultés, démontre beaucoup d'ouverture au changement.

Loïc dit qu'il n'aime pas tellement la maternelle, car c'est trop difficile. Il doit faire des travaux dans son cartable sans dépasser et il affirme que c'est difficile. Il avoue qu'il croyait que la maternelle serait plus amusante... (Sa mère rapporte que chaque fois qu'il arrive à la maison en autobus à la fin de la journée, il crie « Maman ! » et il est à la fois très heureux d'arriver à la maison et à la fois surpris d'être parvenu à arriver à la maison, ce qui trahit son anxiété par rapport au fait de devoir prendre l'autobus).

Jeu de l'enfant

Loïc hésite un peu à jouer, puis il se décide. Il prend les deux hélicoptères. « Il va y avoir une course d'hélicoptères ! », dit-il. Il dit que les conducteurs sont des policiers. Je dois annoncer le départ. La course est lancée. Tout à coup, Loïc dit que l'hélicoptère de pompier (le rouge) perd de l'essence, car l'hélicoptère de police (le blanc) a percé le bidon d'essence. Il échappe l'hélicoptère blanc par terre : « Ah non ! Elle a eu un accident ! Personne n'a gagné ! » Il décide alors d'organiser une seconde course. Je dois encore faire le décompte et ma façon de la faire semble l'amuser beaucoup. À l'issue de cette course, l'hélicoptère blanc (celui de la police) remporte la victoire.

Loïc organise une autre course entre deux voitures, dont l'une est la voiture de police ; une voiture bleue sert de rivale à cette dernière. Des policiers sont les conducteurs. « C'est un film que je fais, avec une chanson ! », dit-il. La voiture de police pousse la bleue de travers et la bleue fait des tonneaux. La voiture de police gagne et la bleue est brisée. La voiture de police fait ensuite une course avec la voiture rouge. Il dit que le toit de la voiture de police s'envole et que la vitre se casse sur le chauffeur de la voiture rouge, qui a alors un accident. La voiture de police gagne donc la course.

F. : Je crois que c'est vraiment la voiture de police qui est la plus forte de toutes, n'est-ce pas ?

Loïc répond que oui. Puis il décide que cette fois-ci, se sera au tour de la voiture bleue et de la voiture rouge de se mesurer l'une à l'autre dans une course.

L. : Tu verras qui aura le plus de puissance !

C'est la voiture bleue qui gagne. Il y a ensuite une course entre le sous-marin et la voiture bleue. C'est le sous-marin qui gagne.

La séance tire à sa fin.

F. : Je crois bien que dans toutes ces courses que tu as faites, tu aurais aimé être celui qui gagne afin de démontrer ta capacité à te mesurer et à gagner ?

L. : Oui.

Il quitte le local pour aller chercher sa mère sans m'aider à ranger les jouets comme je le lui avais demandé. Au moment de partir, il prend son temps, cherchant à prolonger la rencontre, de telle sorte que sa mère doit insister pour qu'il accepte de partir.

Commentaire

Loïc s'est beaucoup investi dans le jeu aujourd'hui, et il y a vraiment pris plaisir. Il a beaucoup de difficulté à manipuler les jouets Playmobil. Il est très maladroit sur le plan moteur. Je fais donc attention de ne pas agir à sa place. Essentiellement, les scènes de jeu de cette séance sont des scènes d'affrontement. Il veut se mesurer et l'emporter sur la figure rivale. Il y a manifestation d'agressivité à plusieurs reprises à l'endroit de cette figure. En toute logique avec l'hypothèse retenue à la suite de la séance précédente, la figure rivale pourrait bien être mon présumé amoureux. Je crois que lui-même, il se profile derrière l'hélicoptère de police et la voiture de police. Il remporte donc toutes les courses, jusqu'à ma première interprétation (« *Je crois que c'est vraiment la voiture de police qui est la plus forte de toutes n'est-ce pas ? »*), à la suite de laquelle il décide de la retirer de ses scènes de courses. Je pense donc qu'il a cherché à camoufler son support identitaire par la suite. Il semble vivre de l'anxiété (peur de ne pas être capable, peur de ne pas réussir à revenir à la maison, peur de se tromper d'autobus), probablement une anxiété de punition en raison de son fonctionnement dynamique. Il faut reconnaître qu'il est également normal qu'un enfant vive un certain stress à sa rentrée à la maternelle. La suite des choses nous situera sur sa capacité à s'adapter.

Supervision

Rien de particulier à ajouter à ton analyse. Je pense, comme toi, qu'il affrontait ton mari présumé. La thérapie suit bien son cours. Belle présence de ta part.

Neuvième séance

La mère me parle seule à seule pendant que Loïc reste avec une amie de madame. Elle m'apprend que Loïc s'est fait une blonde à son école. Elle s'appelle Justine et les deux enfants veulent souvent se donner des bisous sur la bouche et ils parlent de mariage... Madame est embêtée et se demande quelle intervention privilégier. Elle ajoute que Loïc se montre agressif ces temps-ci et qu'hier, il a fait toute une crise, car il refusait de partir de chez son grand-père. La mère ne voit pas vraiment de changement chez son fils depuis le début de la thérapie.

Loïc fait la moue à son arrivée. Il raconte être très fatigué, car il est allé travailler avec son grand-père sur la ferme hier. Il raconte, avec son attitude théâtrale habituelle, à quel point il a abattu de la grosse besogne. Il dit que ça va bien à l'école. Puis il confie qu'il s'ennuie encore parfois à l'école et que les choses ne s'y passent jamais bien. Il parle de son amie Justine et du fait qu'il joue toujours avec elle. Loïc me dit ne pas avoir le goût de jouer aujourd'hui. De même, il affirme ne pas être certain de passer une belle journée aujourd'hui. Je constate à quel point il ne semble pas dans son assiette. Je finis par comprendre qu'il aurait préféré être avec son grand-père (ce qui est souvent le cas ces temps-ci) et qu'il s'ennuie de celui-ci. Rien d'autre ne l'intéresse que d'aller travailler avec lui sur la ferme. Loïc me dit qu'il ne passe jamais de belles journées, qu'il ne grandit pas assez vite et qu'il préférerait aller à l'école des camions (son père est camionneur). Je lui rappelle que c'est son moment à lui et je l'invite à explorer du nouveau matériel. Finalement, il découvre le jeu de soldat et il est impressionné par l'avion et l'hélicoptère. Il produit une courte scène.

Jeu de l'enfant

Loïc raconte que l'hélicoptère lance une bombe à l'avion, qui s'écrase. Il explique que c'est un accident, car il se trouve à avoir bombardé l'avion de son ami, comme il arrive souvent dans les vraies guerres. L'hélicoptère perd de l'essence et s'écrase à son tour sur l'avion. Il y a une grosse explosion. Il raconte qu'un des soldats est le plus fort. « Il tuait et tuait et tuait. » Un autre bonhomme électrocute tout le monde. Il continue de jouer en silence. Je lui demande de me dire ce qui se passe dans son histoire. Il fait la sourde oreille. Il place un bateau sur le cours d'eau du tapis de jeu et m'explique ce qu'est une épave. Il dit que le bateau est tombé au fond. Il me dit que la séance est terminée et qu'il va retourner à l'école. Je lui demande de me dire comment se termine son histoire. Il affirme : « Les bonshommes ont fait la guerre. Les camionnettes ont fait la guerre. Ils ont tous perdu et il y en a un qui a gagné, ce sont les camionnettes qui ont gagné. »

Commentaire

Cet enfant me laisse souvent perplexe. C'est comme s'il ne voulait pas vivre sa vie d'enfant. Il voudrait être un adulte tout de suite. C'est comme si sa vie d'enfant n'avait rien d'intéressant comparativement à la vie d'adulte qu'il voudrait vivre. Doit-on s'inquiéter de cela ? Ou est-ce simplement une manifestation de l'œdipe, c'est-à-dire le désir de se montrer en mesure de rivaliser avec les hommes. Je crois qu'à son arrivée à la salle de jeu, il cherche clairement à me démontrer qu'il est un homme et que je dois le considérer comme tel. Son manque d'intérêt face à la séance provient-il du fait qu'il s'ennuie de son grand-père, ou est-ce une manifestation de sa déception de constater qu'il n'a pas plus de chance avec moi qu'avec sa mère ? La petite amoureuse Justine pourrait s'avérer un indicateur intéressant de renoncement. Mais pourquoi la mère ne voit-elle pas d'amélioration à ce moment-ci de la thérapie ? Normalement, il devrait y en avoir. Comme vous pouvez le constater, aujourd'hui, j'ai plus de questions que de réponses...

Supervision

Sa hâte d'être un homme découle indéniablement de son fonctionnement œdipien. Il est probable que le grand-père le traitant comme un grand, comme un homme surtout, le garçon voudrait que ce soit comme ça partout. La nouvelle de son attachement amoureux à Justine est vraiment bonne. Il faut se méfier des appréciations données par les parents. Ils voient leur enfant à travers leurs propres attentes... souvent trop élevées ou mal calibrées. Et en plus, il arrive souvent que les parents soient en difficulté au niveau narcissique. La mère se disait dépressive, il y a peu de temps. Peut-être son état colore-t-il son évaluation. Tu vas pouvoir faire le point sur tout cela à la prochaine rencontre avec les deux parents.

Dixième séance

Loïc est peu souriant à son arrivée. Je lui demande si ça va bien. Il dit qu'il n'avait pas envie de venir aujourd'hui. Il aurait préféré aller à l'école avec ses amis. La mère confirme que cela fait quelques fois qu'il lui dit ne pas avoir envie de venir. Elle en profite pour dire que ça va mieux avec Loïc. Il ne fait plus de crise lors de son départ de chez son grand-père. La mère a appris qu'il se faisait harceler par des grands du secondaire dans l'autobus. Elle a fait les interventions nécessaires et, depuis, Loïc aime aller à l'école, selon elle.

Jeu de l'enfant

Loïc prend le dragon et une moto. Il manipule et étire le dragon dans tous les sens. Je lui demande s'il veut jouer. Il n'en a pas envie. Je lui montre un nouveau jeu susceptible de l'intéresser, un tracteur avec des animaux de la ferme. Il trouve que le tracteur ne roule pas bien.

Il me dit qu'il aime aller dans une grande école. Je lui dis qu'il veut être grand et qu'on le traite comme un grand, comme le fait son grand-père. Il acquiesce. Il poursuit en me disant que son dragon fait caca sur la tête du fermier assis dans le tracteur. Il mime le tout vigoureusement et y prend un malin plaisir. Ensuite, le dragon fait caca sur le tracteur et sur le volant du tracteur. Le fermier trouve que ça sent mauvais. Il n'est pas content. Il crie : « J'veux plus te voir ici ! ». Le dragon part avec ses bagages. Il va disparaître de la ferme, car le fermier ne veut plus le voir. Il passe à côté de la ferme et s'en va très loin avec sa moto magique qui vole. Il conduit sa moto seul. Il ne veut plus voir le fermier, car le fermier ne veut pas le revoir.

F. : Comment se sent le dragon ?

L. : Il se sent seul et triste. Il voit son ancienne maison. Il va se « parker » à côté de sa maison.

Loïc veut mettre des meubles dans la maison. Il devient tout emballé de meubler la maison du dragon et d'organiser l'espace en fonction des besoins du dragon. Sa tristesse se dissipe.

F. : On dirait que le dragon se sent moins triste à présent.

L. : Il a fini sa maison. Il va s'acheter un beau minou. Il va faire une bonne sieste et il va écouter la télé.

F. : On dirait qu'il se sent bien dans sa maison. Il a l'air content.

L. : Oui.

F. : Est-ce que ça se pourrait, Loïc, que toi, comme le dragon, tu te sois senti triste et fâché lorsque tu as compris que l'amoureuse que tu désirais avoir n'était pas pour toi ?

Loïc regarde au loin par la fenêtre : « Ouais... j'essaie de faire de mon mieux pour faire des affaires, mais ça marche pas... Le dragon s'ennuie comme moi, il s'ennuie de son fermier. Il va aller voir le fermier et le fermier va lui dire : "Va-t-en, j'veux plus te voir." »

Le dragon retourne voir le fermier et il lui brûle la face de sa flamme. « Il est enragé le fermier, il pète sa crise! »

F. : Le dragon brûle le fermier parce qu'il est fâché de ne pas avoir eu ce qu'il voulait?

L. : Oui, il s'en va et fait sa propre maison.

F. : C'est comme toi. Quand tu as compris que tu ne pouvais pas avoir maman pour amoureuse, tu t'es senti triste et fâché et ensuite, tu as compris que tu pouvais t'en trouver une de ton âge.

L. : Justine a pas mon âge, elle a 7 ans.

F. : Ah oui, c'est vrai.

L. : Elle est grande.

F. : Oui, comme toi.

L. : Oui.

Commentaire

Dans l'ensemble, les données m'amènent à penser qu'il est en phase de renoncement. Tout concorde en ce sens. Au début, je croyais que le fermier représentait la figure rivale. Par la suite, il m'est apparu comme représentant la figure convoitée. Je perçois très positivement sa capacité de surmonter sa tristesse en construisant une maison pour répondre aux besoins de son dragon. Évidemment, le dragon est le support identitaire. Nous serions donc dans la phase de terminaison de la thérapie. Je prévois le revoir, s'il le veut. Entre-temps, j'aurai une rencontre avec les parents la semaine prochaine.

Supervision

Il est bien possible que le fermier soit la figure maternelle jadis convoitée, comme tu l'as déduit. Il est également possible que le fermier soit la figure rivale qui doit encaisser la rancœur de l'œdipien frustré de ne pas avoir décroché le cœur de la maman. Cette figure serait superposée à celle de la mère (par association). Je crois comme toi que la thérapie est dans sa phase ultime et qu'il est prêt à voler de ses propres ailes... avec son minou ! Très beau travail de ta part.

Onzième séance

J'ai proposé à la mère de revoir Loïc au moins une dernière fois avant de clore la thérapie, à condition qu'il le veuille, évidemment. Le garçon a accepté.

Je remarque que dans la salle d'attente, Loïc se colle sur son père et met du temps à venir dans le local de thérapie. Le père me dit que depuis qu'il s'est cassé la main et qu'il a dû prendre congé à son travail, Loïc a moins le goût d'aller à l'école, car il veut rester à la maison avec lui.

Loïc arrive dans le local de thérapie de bonne humeur et souriant. Il est content d'être là et il a manifestement envie de jouer. Il me parle du taureau de son grand-père et de ce qu'il pourrait me faire si je l'agaçais. Il m'explique également qu'il est très bien équipé à tout point de vue pour travailler à la ferme de son grand-père.

Jeu de l'enfant

Loïc se met à la tâche et choisit son matériel. Il est concentré. Il semble très bien savoir où il s'en va. Il simule d'abord un affrontement entre les voleurs et les policiers. Les policiers essaient d'arrêter les voleurs, car ils croient qu'ils sont des méchants. Loïc m'explique que dans les faits, les voleurs sont des gentils. Il affirme à plusieurs reprises que les voleurs sont plus forts et plus rapides que les policiers. Il y aura donc une longue période d'affrontement au cours de laquelle les policiers courront après les voleurs, mais ces derniers seront toujours plus rapides. Les voleurs traînent d'ailleurs un sous-marin dans leur remorque. Le sous-marin va souvent tomber à la renverse pendant la course et sera ensuite replacé dans la remorque. Pendant l'affrontement, la jeep des voleurs frappe violemment à deux reprises les véhicules des policiers. À la fin, Loïc dit que les policiers sont morts, car les voleurs les ont tués avec des carabines invisibles. Le voleur met l'un des policiers dans la fourgonnette de police, l'embarre là et lui tire sur lui. Les voleurs prennent ensuite le camion de police. Loïc me montre comment il peut faire rouler rapidement le camion de police. Ensuite, il me montre comment il peut courir rapidement.

L. : Je peux gagner toutes les courses !

F. : Comment se termine ton histoire ?

L. : Les voleurs sont morts aussi. Ils veulent être des gentils, mais ils sont des méchants en fait. Ils doivent se tuer...

Avant de partir, Loïc veut arroser mes plantes, mais il n'y a plus d'eau dans l'arrosoir. Il se montre très déçu. Je lui offre la possibilité que nous allions le remplir ensemble tout en lui disant que je pense qu'il cherche à me démontrer à quel point il pourrait savoir bien s'occuper d'une femme. Il acquiesce en souriant. Avant de partir, il vient me faire l'accolade.

Commentaire

En début de rencontre, et tout au long de la séance d'ailleurs, il cherche à me démontrer qu'il a tout ce qu'il faut pour combler une femme. C'est un affrontement entre deux camps, policiers contre voleurs. Les voleurs sont le support identitaire à mon avis. Je crois qu'il exprime beaucoup d'agressivité envers la figure rivale. L'enjeu n'est pas clair pour moi ; il n'est pas clairement nommé. Cela pourrait être le sous-marin ou la fourgonnette de police. Je crois que Loïc se perçoit comme méchant d'avoir de tels fantasmes à l'endroit de la figure rivale. D'ailleurs, on peut apercevoir le mouvement castrateur à la fin de l'histoire. Je me suis demandé si son manque d'intérêt pour les rencontres précédentes n'avait pas un lien avec sa déception de constater que je ne pourrais pas être son amoureuse, moi non plus. Quoi qu'il en soit, il revient à la charge aujourd'hui. J'ai proposé au père de poursuivre le suivi pour quelque temps encore. Fait positif, j'ai trouvé qu'il démontrait beaucoup plus d'assurance et que sa motricité fine s'était améliorée considérablement.

Supervision

Il veut rester avec le papa parce qu'il sent inconsciemment qu'il a une responsabilité dans ce qui est arrivé au père (il a conscience dans une certaine mesure qu'il avait souhaité le malheur qui lui est tombé dessus). Le camion de police est l'enjeu (tout comme le sous-marin, qui permet d'aller dans la mer — ou mère !) ; en tout cas, le camion est le trophée dont s'empare le support identitaire. Loïc s'emploie à te montrer qu'il a tout ce qu'il faut pour l'utiliser. Le mouvement castrateur se manifeste à la toute fin : les voleurs meurent, parce qu'ils sont des méchants au fond. Le matériel est vraiment limpide et il confirme que Loïc est en fin de processus.

Douzième séance

Loïc arrive en faisant la moue. Il s'accroche à la jambe de son père, car il ne veut pas venir à la séance. Le père lui répond qu'il ne veut plus rien de toute façon : il ne veut pas aller à l'école non plus. Monsieur dit que c'est l'histoire de sa vie, actuellement. Dès qu'il est lui-même à la maison pour une bonne période (comme c'est le cas présentement en raison de sa blessure), Loïc s'accroche à lui, et ce, depuis qu'il est tout petit. Lorsque monsieur est parti à son travail et que c'est la mère qui gère la routine du matin, Loïc va à l'école sans problème. Monsieur mentionne que, fait particulier ce matin, il est allé saluer sa mère avant de venir au rendez-vous. Le garçon aurait aimé rester chez sa grand-mère, mais ce n'était pas possible puisqu'il avait un rendez-vous. Il s'entête à vouloir aller chez sa grand-mère. Il aurait de toute façon beaucoup de difficulté à renoncer à ce qu'il veut et sa réaction peut durer des heures. Le père se fait insistant, car il commence à s'impatienter, craignant d'avoir fait le trajet pour rien. Loïc fâché, sort de la salle d'attente en claquant la porte si fortement que les murs en tremblent... Le père, hors de lui, sort du local en proférant quelques jurons. Il intime à son fils l'ordre de revenir dans le local immédiatement. J'interviens pour calmer le jeu et je réussis à convaincre Loïc de venir dans le local de thérapie avec moi.

Il s'assoit dans la petite chaise berçante, en tenant le coussin dans ses bras et il me dit à quel point il est tanné. Il ne veut plus aller à l'école, car il se fait « écœurer » par Justine, son ancienne « petite blonde ». Il me confie également que les jeux que les garçons de son âge lui proposent ne l'intéressent pas. Il y a aussi le fait que l'autobus l'a récemment oublié. Il dit qu'il s'ennuie à l'école. Il s'ennuie de grand-père, de grand-mère, et de ses parents. Je l'accompagne dans sa réflexion sur ces irritants en considérant avec lui les solutions possibles. Je suggère qu'il a peut-être besoin de l'aide de l'adulte dans ses difficultés. Il me répond qu'il est grand, car il vient d'avoir 6 ans. Il est capable de régler seul ses problèmes et sa solution est de ne plus aller à l'école. Je lui suggère qu'on fasse venir son père afin qu'il lui dise ce qu'il trouve difficile à l'école et pour voir ce que l'on peut faire (de toute façon, il refuse de jouer aujourd'hui).

Le père écoute ce qui pose problème pour son fils. Il dit que Loïc achale beaucoup les autres enfants à l'école, lui aussi, et dès lors, s'il les achale, il doit s'attendre à être achalé en retour. Le père dit qu'il a réglé hier soir le problème de l'autobus, le chauffeur ayant oublié son fils (je peux entrevoir très facilement que cela n'a pas été fait avec grande diplomatie !). Il reconnaît que les relations avec les autres enfants sont difficiles pour Loïc : il s'ennuie à la maison et il réclame d'avoir des amis ; lorsqu'il en a, cependant, il ne s'occupe pas d'eux vraiment. Monsieur raconte avoir vécu exactement la même chose que Loïc à l'école : il ne voulait pas être là ; il regardait par la fenêtre et fixait souvent l'horloge. Il se sentait comme en prison et tout ce qu'il voulait c'était d'aller travailler avec son père, qui était bûcheron. Monsieur rappelle qu'il fait encore des cauchemars au sujet de l'école et que lorsqu'il doit entrer dans l'école de Loïc, il se met à étouffer et à manquer d'air...

À la fin de la séance, le père était tout de même capable de reconnaître que Loïc s'est beaucoup amélioré, que ce n'est qu'un enfant, après tout et que cela faisait longtemps qu'il n'avait pas fait une crise comme celle d'aujourd'hui. Loïc a accepté de revenir dans deux semaines (cette séance sera cependant annulée ultérieurement).

Commentaire

Les deux parents sont colériques et explosifs. Ils sont portés à tenter de régler les problèmes en utilisant les menaces. Loïc ne doit pas l'avoir toujours facile. Manifestement, le père transfère sur son fils sa problématique personnelle vis-à-vis de l'école, et ce, en dépit du fait qu'il s'efforce du mieux qu'il peut de parler de l'importance de bien y travailler. Il cherche notamment à démontrer à Loïc comment, dans son travail de camionneur, il a besoin de savoir écrire et calculer pour l'accomplissement de ses tâches.

Supervision

Loïc paraît chercher des raisons pour ne pas aller à l'école. Peut-être y vit-il un passage difficile. J'ai tendance à voir cette récente crise comme un événement tout à fait ponctuel. Les informations qui vont te venir de la mère ultérieurement devraient te permettre de vérifier tout cela. Je ne vois rien de particulier à ajouter à ce qui a émergé dans l'échange. Il est important que les parents continuent d'insister auprès de leur fils sur l'importance d'aller à l'école et d'y réussir.

Suivi post-thérapie de Loïc

Un bilan de fin de thérapie a été dressé avec la mère quelques semaines après la douzième et dernière séance. Manifestement, le renoncement à la conquête de la figure maternelle a entraîné des améliorations significatives au fonctionnement affectif de Loïc. La mère remarquait notamment une diminution des crises ainsi qu'une capacité plus grande d'accepter les frustrations. Les conflits avec la fratrie étaient nettement moins fréquents, Loïc étant devenu davantage capable de jouer et d'interagir avec ses sœurs de façon harmonieuse. Après un certain temps, le garçon est apparu nettement plus motivé et moins anxieux par rapport au travail scolaire. Enfin, les parents avaient noté chez lui une plus grande confiance en lui-même, et des capacités de motricité fine et globale sensiblement améliorées.

Demeuraient toutefois certaines difficultés justifiant peut-être un suivi post-thérapie à plus long terme. Ces difficultés apparaissaient surtout au niveau de l'intégration sociale à l'école. Loïc avait toujours du mal à s'intégrer et à s'impliquer dans des activités à caractère ludique avec ses pairs. Son enseignante rapportait alors des attitudes non adaptées dans certaines situations sociales (maladresse, langage cru et habiletés d'interaction déficitaires).

Tel était le bilan dressé par la mère peu de temps après ma dernière rencontre avec l'enfant. Au cours de l'année suivante, il y a eu plusieurs communications entre les parents, le personnel enseignant et les professionnels impliqués auprès de l'enfant. Les discussions avec la mère m'ont permis de constater à quel point le garçon évoluait de belle façon. Lors de ma dernière communication, Loïc m'a semblé avoir atteint un niveau optimal d'équilibre. Aujourd'hui, il aime aller à l'école et son rendement scolaire est nettement au-dessus de la moyenne. Il fait montre de belles capacités au niveau de l'interaction sociale, ayant manifestement appris à jouer tout à fait correctement avec les enfants de son âge. Il ne présente plus de signes d'anxiété et il est beaucoup plus souple dans ses façons d'être et de réagir. Bref, la mère n'a que des choses positives à dire au sujet de son fonctionnement. Loïc n'a finalement pas été évalué par la pédopsychiatre et son dossier a été fermé.

Commentaire

Les cas de ces enfants œdipiens, soupçonnés d'être aux prises avec un TED en raison de la présence chez eux de traits particuliers, sont très intéressants. C'est fascinant de les voir évoluer, mais je remarque qu'il faut leur donner quelques mois après la fin de la thérapie pour qu'ils parviennent à un fonctionnement optimal. Ne pourrait-on pas faire l'hypothèse que ces enfants seraient restés partiellement marqués par leur traversée du stade fusionnel-autosensuel, mais pas à un degré tel qu'ils auraient pu être empêchés d'atteindre l'œdipe?

Commentaire du superviseur sur l'ensemble de la psychothérapie

L'hypothèse que tu évoques à la fin de ton commentaire peut être mise de l'avant. Il faudrait alors considérer ces réactions comme des signes ou des indices (donc des faits de langage) qui persistent dans l'inventaire des conduites de l'enfant (habitudes facilement réactivées), mais qui changent de sens au fur et à mesure de l'évolution ultérieure de l'enfant. J'ai évoqué la réalité de ce phénomène dans l'un de mes commentaires sur le cas de Thomas. M'efforçant d'être ici plus explicite, je donnerais comme exemple le cas de ces fillettes qui, comme tous les enfants qui se développent bien, mais peut-être davantage que ces derniers, se sont montrées sensibles aux séparations d'avec la mère entre leur huitième et leur quinzième mois (conduites attestant d'une anxiété de perte d'objet, en l'occurrence l'objet-mère), et qui ont pu tout de même surmonter suffisamment ce point de vulnérabilité pour maintenir leur élan maturatif et accéder à l'œdipe ultérieurement. Il peut arriver que ces fillettes[7], en plein cœur de la turbulence œdipienne, souhaitant qu'il arrive quelque chose de malheureux ou de fatal à leur mère de façon à ce qu'elles puissent hériter du papa chéri, fassent montre d'une très forte résistance à s'éloigner de leur mère. C'est notamment le cas de la plupart des fillettes qui présentent un refus de l'école (ou de la garderie !). Cette résistance est propulsée par la motivation inconsciente de devoir veiller sur la mère de façon à pouvoir empêcher que ce malheur ne survienne et n'atteigne celle-ci (l'ambivalence des sentiments à son endroit étant bien présente), à moins que ce soit par le souci d'éviter un châtiment qu'elles estimeraient avoir mérité par leur souhait inconscient visant la figure maternelle. Dans l'un ou l'autre de ces deux cas de figure, c'est l'angoisse

---

7   C'est un cas de figure peu fréquent dans la dynamique affective derrière le refus scolaire, mais il l'est suffisamment pour pouvoir être évoqué ici.

de castration (ou de punition) qui est à l'œuvre. Nous ne sommes plus du tout dans le même paysage que celui évoqué ci-dessus au sujet d'enfants plus jeunes, quoi qu'en disent les théoriciens de l'attachement, eux qui ne voient que des conduites d'anxiété de perte d'objet, ignorants qu'ils sont des réalités de la conflictuelle œdipienne et de la nature véritable de l'anxiété de castration. Or, comme tu vois, France, le symptôme peut ne varier que fort peu apparemment entre la fillette de 15 mois et celle de 3 ans et demi (ou d'un âge plus avancé), mais la dynamique sous-jacente au symptôme, de son côté, diffère grandement d'un cas à l'autre.

Je reviens à ton hypothèse : ne peut-on pas penser à un phénomène du genre pour rendre compte de la « résilience » ou de la résurgence de caractéristiques que l'on peut asso-cier à la période autosensuelle-fusionnelle (p. ex., recours excessif à l'autosensualité et résistance à la sensualité[8]) dans la conduite d'un enfant appartenant au mode de fonction-nement affectif le plus avancé (œdipien) ? On pourrait être tenté de le croire. Toutefois, si cette hypothèse s'avérait, il ne faudrait pas oublier que les enfants présentant l'un ou l'autre de ces traits auraient un mode de fonctionnement fort dif-férent de celui des sujets véritablement aux prises avec un TED. D'ailleurs, la différence entre ces types de cas serait plus accentuée encore que celui des fillettes œdipiennes pro-blématiques (syndrome de refus scolaire), auxquelles j'ai fait référence ci-dessus, comparativement aux fillettes dont le dé-veloppement affectif se serait figé dans l'anaclitique médian.

Je dois toutefois t'avouer que quels qu'en soient les méri-tes, cette hypothèse n'est pas celle que je retiendrais, pour

---

8   L'autosensualité étant définie comme impliquant une centration sur les sensations venant du corps propre et la sensualité comme impliquant une ouverture aux sensations venant d'autres personnes ou de l'extérieur (cf. Bossé, 2011, p. 26).

ma part. D'abord, l'accès à l'œdipe suppose la mise en place progressive de tant d'acquis (fort appui sur la sensualité au sens décrit précédemment, construction de l'objet affectif total[9], vision de soi comme étant un être total, présence d'attitudes traduisant la capacité d'altruisme ou d'empathie et, donc, de culpabilité, etc.). Je vois mal comment, au fil de cette évolution absolument incontournable, un noyau d'autosensualité pourrait être maintenu à un niveau suffisamment fort pour pouvoir rendre compte des conduites trahissant un problème de communication ou d'adaptation à l'autre du genre de ceux qui nous préoccupent ici.

La deuxième raison qui me rend très critique au sujet de l'hypothèse de la survivance éventuelle de traits liés à la période autosensuelle, c'est qu'il est possible d'expliquer la présence de ces conduites d'une manière qui tient compte de problèmes inhérents à la conflictuelle œdipienne. Beaucoup d'œdipiens, en effet, sont tenaillés par un niveau très élevé de culpabilité, sentiment qui dans leur cas découle du fait qu'ils ont souhaité et souhaitent toujours la mort ou l'éloignement du parent rival, ce qui est quand même loin d'être banal. Cette culpabilité peut les handicaper de plusieurs façons, notamment par une incapacité de soutenir le regard de l'autre, une difficulté de communication avec l'adulte (ah ! La peur d'être découvert dans sa réalité profonde et embarrassante aux yeux des autres...), des difficultés marquées dans l'interaction avec les pairs, un recours fréquent ou répété à des conduites stéréotypées (qui peuvent servir de moyens quasi hypnotiques pour calmer l'anxiété), une capacité de concentration très limitée, une

---

9   À ce sujet, l'autre (mère, père, etc.) est appréhendé comme un être différent du soi et doté d'une intériorité propre, comme un grand et comme un être sexué, etc. Il s'agit bien là, on l'aura reconnu, de la définition que donne Jean Bergeret à l'objet total (cf. notamment Bergeret, 1996 ; Bergeret et Houser, 2001).

performance décevante à l'école (une partie importante de l'énergie psychique mobilisée pour la gestion du conflit interne n'étant pas disponible pour l'accomplissement des tâches d'apprentissage), etc. Tels sont pourtant des indicateurs souvent évoqués pour appuyer l'hypothèse d'un TED. Il y a vraiment matière à s'y méprendre, et c'est souvent ce qui arrive si on n'inclut pas le jeu spontané dans l'arsenal des instruments diagnostiques, ou si on se limite à l'utilisation d'un « check list » ou encore à l'observation directe du comportement.

Je reviens plus spécifiquement au cas de Loïc pour terminer ce commentaire. Cette thérapie a été plutôt courte comparativement aux trois autres : 12 séances. Il faut convenir que l'implication des parents et la discipline dont ils ont fait preuve dans l'application des recommandations ont été des facteurs décisifs pour l'atteinte des bénéfices attendus dans le temps prévus pour un cas de ce niveau de fonctionnement et de cet âge.

Chapitre quatrième

Laurent

Âge au début de la thérapie : 4 ans et 9 mois.

Motif de consultation : encoprésie, retard de langage, opposition, agitation.

Anamnèse : informations recueillies lors de la première rencontre avec les parents

Laurent est redevenu incontinent après la naissance de sa sœur Anaïs ; il avait alors 3 ans. Il a d'ailleurs eu une réaction importante dans les premières semaines suivant cet événement : il prenait la suce du bébé, faisait des mauvais coups pendant les périodes d'allaitement et disait vouloir rester un bébé. Encore aujourd'hui, il épuise ses parents tellement sa quête d'attention est constante. Il est très opposant et agité. Il tape parfois sa mère. Il est par ailleurs décrit comme un enfant brillant. Sa sœur Anaïs est actuellement âgée de 22 mois.

Selon ses parents, Laurent se retient plutôt que d'aller à la toilette ; ou encore, il va se cacher et fait dans sa pull-up. Il a eu des périodes de constipation au cours desquelles la défécation devenait douloureuse, ce qui l'a rendu réticent à l'acquisition de la propreté. Tous les moyens possibles et imaginables ont été mis en œuvre par les parents (renforcement, punition, etc.), qui se disent maintenant à court de moyens.

Cette famille a vécu depuis la naissance de Laurent de nombreux stress qui ont fort probablement rendu les parents pas aussi disponibles que souhaité sur le plan affectif :

- décès du grand-père paternel à la suite d'un cancer quand Laurent avait 2 ans et demi (après une maladie ayant duré plus de 5 ans) ;

- cancer chez le père peu après la naissance de Laurent, avec récidive quelques mois plus tard ;

- perte d'emploi du père en raison de son cancer, manque à gagner subséquent, etc. ;

- démarrage d'une entreprise par le père pour assurer des revenus à la famille, et ce, en même temps qu'il subissait ses traitements de chimiothérapie (il est actuellement en rémission) ;

- implication très forte du père dans son entreprise, avec conséquemment une certaine absence de la maison ; Laurent s'est d'ailleurs plaint que son père n'avait jamais de temps pour lui.

L'enfant fonctionne bien à la garderie, ses symptômes se manifestant essentiellement à la maison. Il a été rencontré par une psychologue à cinq reprises, environ quatre mois avant la présente démarche. La pédiatre qui avait rencontré l'enfant au cours de l'automne précédant avait noté dans son rapport que Laurent parlait de son grand-père de façon quotidienne et qu'il avait alors demandé à sa mère s'il y avait une échelle assez longue pour aller le retrouver au ciel. Le garçon a également déjà dit à la maison, lors d'un épisode de crise, qu'il allait sortir dehors tout nu, mourir gelé et rejoindre son grand-père au ciel.

Première séance avec l'enfant

Laurent se présente calme. Il le sera d'ailleurs tout au long de la rencontre. Il respectera le cadre et acceptera de ranger les jouets utilisés avant de changer de jeu. Sans hésitation, il accepte de rester seul avec moi et s'intéresse immédiatement aux jouets, puisque je lui dis que nous allons jouer ensemble. Il voit le bateau de pirates. Il dit qu'il aime les pirates et que c'est le plus beau jouet de tous. Il le prend et l'explore. Il dit que le chef se chicane, car il veut avoir le trésor. Il précise : « Il fait de la chicane. Ils partent. »

F. : Où partent-ils ?

L. : Ils vont chercher un autre trésor. Capitaine Crochet s'en allait. Il prend son canon et il tire. Il a tiré sur Peter Pan parce qu'il s'est sauvé. Capitaine Crochet est content parce qu'il veut toujours agacer. Capitaine doit partager son trésor avec les deux autres, mais il ne veut pas ; ça le tente pas. Il veut avoir tous les trésors. Capitaine Crochet a trouvé un autre trésor, le bateau. Il va le chercher, il veut le mettre dans son bateau.

Laurent décide de changer de jeu. Il prend le château et les chevaliers en disant : « J'vais te faire une histoire avec ça ! » Il raconte qu'un chevalier se trouve sur son cheval. Le dragon (autre personnage retenu) frappe le chevalier avec son arme « car il est méchant ». Le dragon met le chevalier en prison seul sans son cheval. Il met le cheval dans l'autre prison. Le dragon va manger toute la nourriture, car il a faim. Il a faim pendant toute la bagarre. Il rentre toutes ses armes dans son château.

F. : Pourquoi le dragon a-t-il mis le chevalier en prison ?

L. : À cause que c'est pas ses amis.

Tout à coup, Laurent trouve une pomme et il la lance avec sa catapulte. Il veut emprisonner l'autre chevalier. Il précise : « Le dragon prend tous ses bijoux et les amène dans son château. Son chef (un chevalier) est content qu'il ait emprisonné les autres chevaliers. Ensuite, le chef va faire sa sieste. Le dragon prend une arme dans sa bouche pour cogner... Il frappe le château avec l'arme. Il veut frapper les chevaliers, car c'est pas ses amis. Le dragon ouvre la porte de la prison et lance une balle de feu au chevalier. »

Laurent veut s'arrêter là. Je lui demande comment se termine l'histoire. Il dit : « Le dragon lance le chevalier et son cheval dans le bois avec les loups. Ils vont se faire manger. » Il les frappe violemment avec les armes.

Commentaires de la thérapeute

Je crois que les nombreuses épreuves vécues par la famille ont rendu les parents pas suffisamment disponibles pour leur fils, laissant en lui un sentiment profond de vide affectif. Se sentant déjà privé d'attention, il ne pouvait accepter l'arrivée de sa petite sœur. Il me semble que ses productions symboliques n'ont rien à voir avec un phallique, encore moins avec un œdipien. Dans les deux scènes, le support identitaire (Capitaine Crochet et le dragon) se montre agressif envers les autres personnages afin de s'approprier tous les éléments qui me paraissent symboliser la nourriture affective, voire la mère (nourriture, bijoux, armes). Il ne peut accepter de les partager, désirant tout garder pour lui seul. Puisqu'il arrive assez facilement à élaborer un scénario simple, que le contact avec la réalité est préservé (absence de bizarreries) et qu'il retient ses selles, j'aurais tendance à la situer au niveau anaclitique médian. Cela correspond à la période développementale où la famille a été le plus aux prises avec les sources de stress mentionnées antérieurement.

Supervision

Il faut noter que le superviseur n'intervient qu'après la quatrième séance de la thérapie; c'est à ce moment-là que le matériel lui a été présenté par la psychothérapeute pour la première fois.

Deuxième séance

Laurent se présente calme et de bonne humeur. Il s'intéresse immédiatement au matériel : « J'vais te raconter une histoire! » Il demeure très calme tout au long de la rencontre, respecte les quelques consignes que je lui donne, et accepte très facilement la fin de la séance.

Jeu de l'enfant

Laurent choisit les figurines Playmobil de l'ensemble *policiers-voleurs*. Il s'affaire pendant un long moment à remplir le coffre-fort de menus objets (fusils, argent, articles de policiers, etc.). Il se familiarise avec le code pour ouvrir le coffre-fort. Il a manifestement de la difficulté, mais il tient à se débrouiller seul. Il énonce : « Il a besoin de beaucoup d'affaires, hein ? Il amène son chien. Il va partir en voyage... ; il va partir demain. Il va battre beaucoup de méchants, hein ? »

F. : C'est qui « il » ? Dis-moi de qui tu parles.

L. : C'est un bonhomme, c'est lui.

Il choisit une figurine masculine.

F. : Comment s'appelle-t-il ?

L. : Y'a pas de nom. Il met ses choses dans son auto pour son voyage. Il part en voyage.

F. : Où part-il en voyage ?

Pas de réponse.

Laurent vide tout le contenu du coffre-fort.

L. : Il a vu un monstre. Il le tue avec son fusil. Il veut voir où ils sont les méchants.

F. : Qu'est-ce qu'ils veulent faire, les méchants ?

L. : Tu le sauras quand ce sera fait.

Il remet toutes les choses dans le coffre-fort. Puis il dit : « C'est long, hein ? [Il regarde sa carte et il voit des points rouges.] Les points rouges, ça veut dire des monstres. Il cache son chien pour pas que le monstre le trouve. Le chien monte en l'air avec l'hélicoptère. Il n'a plus peur des monstres. »

F. : Toi, est-ce que tu as peur des monstres ?

L. : Non, j'aime ça, les monstres.

Le chien sort de l'hélicoptère et embarque sur le motocross pour foncer sur un monstre. Laurent mentionne : « Il ne conduit pas bien. » Son bonhomme tire des coups de fusil.

F. : Est-ce qu'il y en a beaucoup, des monstres ?

L. : Il y en a quatre.

Laurent dit que son histoire est terminée. Je lui demande de me dire comment l'histoire se termine.

L. : J'aime la guerre. J'aime les méchants.

Je lui redemande comment son histoire se termine et si le bonhomme a finalement réussi à tuer les monstres.

L. : Les monstres se sont tués tout seuls parce qu'ils se sont foncés dedans. Ils vont aller au ciel avec le petit Jésus. Il ne faut pas qu'ils viennent ici parce qu'ils ont cassé une rue. Ils vont aller en prison.

Il veut changer de jeu. Je lui dis qu'il reste peu de temps. Je lui permets d'explorer un nouveau jeu avec lequel il pourra jouer la prochaine fois s'il le désire. Il s'intéresse au jeu de guerre avec les soldats.

L. : C'est mon genre de jeu, ça. C'est les jeux que je préfère. Ça va être une histoire méchante !

Il accepte de ranger même s'il est très intéressé par ce nouveau jeu.

Commentaire

Lors de cette séance, Laurent me fait penser à un enfant qui a le sentiment de vivre dans un monde hostile et qui se sent menacé par des monstres, des méchants. Il semble manifester de la violence défensive. Il se met dans la peau de quelqu'un qui n'a pas peur et qui aime les choses méchantes afin de contrer son angoisse d'anéantissement.

Il a besoin d'être soutenu par des questions pour l'élaboration de son histoire. Il faut le ramener souvent à l'histoire qu'il a commencée pour en avoir la suite. À moins que le méchant ne symbolise la figure rivale qu'il voudrait tasser, mais il me semble que ce n'est pas cela dont il s'agit...

Troisième séance

Laurent arrive tout content. Sa mère me confie qu'il avait hâte de venir me voir. Il lui demandait cette semaine quand il reviendrait. Il choisit les jouets de guerre (soldats et chars d'assaut), comme il l'avait annoncé à la fin de la séance précédente. « Ils sont forts hein ? Lui, il est fort ! Ça va être comme les vrais soldats. Il va y avoir une très grosse guerre de méchants. C'est celui avec un couteau que je préfère prendre [en parlant d'un soldat]. »

Il place ses choses et me demande de l'aider.

L. : Je suis prêt à commencer.

Ses bonshommes sont portés à tomber facilement à la renverse, ce qui semble le contrarier. Je lui dis qu'on peut faire semblant qu'ils sont debout. Il me demande si c'est ce que font les petits enfants qui viennent ici. Je lui réponds qu'il peut choisir de faire comme il veut.

Il place une dizaine de bonshommes ensemble. Il place des chars d'assaut ici et là sur le tapis de jeu. Je l'aide à placer les deux maisonnettes, qui sont reliées par un pont. Il dit que l'un des chars d'assaut va rejoindre son ami. La guerre va commencer. Le char d'assaut casse toute la maison.

L. : C'est rendu la maison à eux autres, les bonshommes.

Ils passent sur le pont pour rejoindre leurs amis.

Il place les bonshommes à l'intérieur des maisonnettes. Il précise : « Ils vont tous dormir, car ils sont fatigués. Ils ont fait la guerre. Ils ont tué et c'est à eux la maison maintenant. » Il se met à chantonner en jouant. Il devient manifestement de plus en plus à l'aise. Il cherche le soldat qui a la main cassée. Il dit qu'il est blessé et il l'amène dans la cabane avec les autres soldats.

Laurent me raconte alors qu'il a réussi à conduire sa bicyclette sans ses petites roues. Il dit qu'il ne va même plus à la garderie. Nous parlons de son entrée à l'école à la fin de l'été. Je lui dis qu'il veut me dire qu'il est un grand. Il semble très fier d'être vu comme un grand.

Deux avions de guerre arrivent. Ils font du bruit et réveillent les soldats endormis. Ces derniers sortent de leur cachette et lancent une roche sur la tête du conducteur de l'avion. Laurent dit que son histoire est terminée. Je cherche à en savoir davantage sur la façon dont l'allégorie se termine, mais chaque fois que je pose une question, il poursuit son histoire au lieu d'y mettre fin. Je laisse donc tomber. Il s'amuse finalement à empiler les chars d'assaut les uns sur les autres. Il me dit : « Regarde, c'est gigantesque. Les avions s'empilent et disent : "C'est gigantesque". Les chars d'assaut disent : "Vous n'êtes pas gigantesques ; regardez comme nous, on est plus gigantesques". Les avions tombent dans la chute. »

Son histoire est maintenant terminée. Nous rangeons ensemble. Puis il regarde dans le panier des figurines (chevaliers et princesses). Il confie : « J'aime pas les princesses... mais j'aime le dragon parce que j'aime les méchants. »

Il s'amuse avec le dragon, tente de me croquer par lui. Je joue le jeu et chaque fois que le dragon me croque, je crie. Laurent a du plaisir et il rit.

Commentaire

Encore à cette rencontre, je dois soutenir beaucoup Laurent dans l'élaboration de son scénario afin d'obtenir une histoire suffisamment étoffée. Je lui demande souvent : « Que se passe-t-il ensuite? » À plusieurs reprises, j'ai l'impression d'observer des éléments phalliques. Il exprime le désir d'être non seulement grand et fort, mais, en plus, d'être le plus fort. Je n'écarte pas la possibilité qu'il soit en œdipe à la lumière du contenu de cette séance puisque les soldats ont tué pour s'approprier la maisonnette (figuration possible de la mère à conquérir). Il peut donc chercher à établir qu'il est fort et grand afin de montrer qu'il est en mesure de rivaliser avec son père pour obtenir le cœur de sa mère. De plus, il semble y avoir expression de l'angoisse de castration de sa part, après la victoire, comme en témoigne le bonhomme blessé à la main. Quoi qu'il en soit, Laurent se révèle tranquillement. Il devient plus expressif, plus à son aise, plus interactif avec moi, et son fonctionnement dynamique se révèle par le fait même.

Quatrième séance

Laurent arrive de bonne humeur avec une petite paille à café dans la bouche : « C'est mon père qui me l'a donnée. J'fais semblant que c'est une cigarette de cow-boy ! » Il prend la fourgonnette de police et dit que c'est une ambulance. Il dit qu'il y a un monsieur blessé, qu'il s'est cassé un pied. Un autre bonhomme s'est cassé les deux pieds. Il est sur une civière. Il dit que c'est parce qu'il a déboulé les marches de l'hôpital. Il a une télé pour lui. Il va écouter la télé. « Lui, il s'est cassé un genou. » Je lui fais remarquer que son bonhomme semble en piteux état, car il a des pansements partout. Il dit qu'il s'est fait foncer dedans par une voiture. Comme il veut changer de jeu, je lui demande de me dire comment se termine son histoire. Il dit que le bonhomme ne reviendra plus jamais chez lui. Il a eu un gros accident ; il s'est cassé un œil et ça ne guérira plus jamais.

Laurent choisit ensuite le jeu Playmobil course de vélos. Il propose : « Toi tu prends lui et moi, je prends lui. Celui qui gagne va avoir ça [la couronne]. » Il précise que ce sera une course de motos plutôt qu'une course de vélos. La course ayant débuté, il fait aller sa moto à grande vitesse dans toutes les directions. Évidemment, ma moto n'arrive pas à le rattraper. Il ricane et s'amuse beaucoup : « J'ai gagné ! » Il met les deux motos dans la remorque. Il dit : « On part, on s'en va chez nous ! J'ai gagné trois affaires parce que c'est moi qui allais le plus vite. J'ai gagné beaucoup d'affaires hein ! J'ai gagné une grosse caméra. J'vais me faire poser avec ça [ses prix]. » Il dit qu'après on va faire encore une autre course, puis une autre, et encore une autre. Il gagne la deuxième course. « Je suis trop rapide ! » Je lui dis que je crois que je n'ai pas de chance. Il me répond que je ne suis pas assez rapide. Il prend le dragon et fait semblant que le dragon me mord. Je lance un « ouche ! ». Il rit.

Laurent prend ensuite le bateau de pirates. Il raconte que le Capitaine Crochet s'agrippe au bateau par une corde. Le bateau tombe à la renverse et le Capitaine est amené par le courant. Un autre pirate tire le bateau. Il libère Capitaine Crochet, mais ce dernier se retrouve rapidement dans la même mauvaise posture. Le pirate essaie d'arrêter le bateau de nouveau afin de libérer le Capitaine Crochet. Il attache le bateau à la patte de la chaise, mais il se détache et repart avec le courant. Laurent affirme : « Il s'est accroché à un rocher comme Spiderman après des toiles d'araignées. » Il raconte qu'il y avait deux pirates pris dans ce bateau et que le Capitaine Crochet est le chef. La rencontre se termine là-dessus.

Commentaire

Je remarque que Laurent élabore ses allégories plus facilement. Je n'ai plus besoin de le soutenir par des questions. Je le laisse donc aller. Au sujet de sa première histoire, je me demande si le bonhomme blessé ne représente pas le père qu'il souhaite tasser de son chemin. Dans le contenu de la deuxième histoire, je pense percevoir des éléments d'ordre phallique : le désir de se valoriser, mais aussi de dominer, de gagner. Dans la troisième histoire, je suis portée à penser qu'il se profile derrière le Capitaine Crochet. À partir de ce point de vue, il pourrait donc y avoir expression de l'angoisse de castration puisqu'il arrive malheur au Capitaine Crochet. Si on relie les trois histoires entre elles, on pourrait dire qu'il y a d'abord le désir de tasser le père, ensuite le désir de se mesurer à lui et de l'emporter sur lui, et, enfin, la culpabilité ainsi que la crainte d'être puni. Pourrait-il être en fait un phallique-œdipien, c'est-à-dire être parvenu à l'œdipe tout en présentant un certain nombre de fixations au stade phallique ?

Supervision

La mentalisation est de très bon niveau dans l'ensemble. Je pense qu'il faut retenir l'hypothèse d'un fonctionnement œdipien. Si Laurent lutte avec toi dans la quatrième séance, c'est pour te montrer qu'il fait partie du monde des hommes.

Il n'y a pas chez lui ce désir d'écraser l'autre absolument et complètement. Il s'agit pour lui essentiellement de montrer qu'il est un grand et un grand sexué. Il met en scène des affrontements pour un enjeu qui le situent ailleurs que dans le désir de combler un phallisme vacillant. Et n'oublions pas la manière dont il est entré en relation avec toi et comment il se comporte avec toi. Tu peux lui poser la question-interprétation « Est-ce que ça pourrait, Laurent, que des fois tu sentes que tu aimes tellement ta maman que tu voudrais être son amoureux ? Puis qu'en même temps tu te dises : "Je peux pas faire ce coup-là à papa, je l'aime trop" ? »

Cinquième séance

Laurent choisit les dinosaures aujourd'hui et quelques autres figurines d'animaux. Il fait un groupe de trois animaux : deux dinosaures et un lion qui seront « les méchants ». Il fait un autre groupe qu'il identifiera comme « les gentils ». Ce groupe est constitué de bébés, de mamans et de papas dinosaures. Il y a un hippopotame qui est très fort et très puissant. Il protège le groupe des gentils contre les attaques des méchants. Laurent place les petits dans un nid à l'abri des méchants. Il raconte que les méchants attaquent les gentils, car ils veulent détruire la ville et manger les bébés dinosaures. Chaque fois que les méchants attaquent, l'hippopotame fonce sur eux violemment et ils sont projetés loin dans les airs. Laurent aime parler de la puissance de l'hippopotame et il s'amuse longuement à foncer sur les méchants. Les méchants ne réussissent jamais à faire mal aux gentils. Laurent y met beaucoup d'énergie et d'intensité. Il se traîne par terre rapidement d'un bout à l'autre du local pour réaliser sa scène. Il en est très essoufflé. Il raconte que l'hippopotame croque les queues des dinosaures et que de cette façon, ils ne seront plus capables de lui donner des coups de queue. Il continue de leur foncer dedans. Il les « assomme » sans arrêt.

L. : Je fais du bon travail, hein ?

Je l'interroge sur la fin de son histoire. Il dit que les gentils vont se sauver dans l'espace en soucoupe volante et que les méchants ne parviendront jamais à les attraper. Il dit aussi que l'hippopotame va devenir méchant, et ensuite gentil, et ensuite méchant...

F. : Est-ce que ça se peut, Laurent, que tu aimes tellement ta maman que tu rêves secrètement de devenir son amoureux ?

Il fait un signe affirmatif de la tête en souriant, l'air coquin.

F. : ...et qu'en même temps, tu voudrais tasser papa pour prendre sa place auprès de maman ?

Il continue d'acquiescer.

Commentaire

C'est une scène très facile à interpréter. Tout y est ! L'hippopotame est le support identitaire. Le groupe des gentils, avec les bébés dans le nid, représente la mère qu'il veut garder pour lui, et la figure rivale est représentée par le groupe des méchants contre lequel il se bat ardemment. Je rencontre les parents la semaine prochaine pour leur communiquer mon point de vue après l'évaluation. La mère me dit qu'elle observe déjà des changements à la maison. J'ai donc très hâte d'échanger avec eux sur la situation de leur fils.

Supervision

Très amusant et vraiment joli comme matériel. Les bébés sont probablement les enfants qu'il aimerait donner à la mère. Très beau travail de ta part. L'interprétation tombait vraiment bien.

Rencontre avec les parents

La mère raconte qu'il y a des changements importants au niveau de l'acquisition de la propreté par Laurent. Il ne fait presque plus dans ses pantalons. Elle mentionne que le garçon a toujours dit qu'à ses 5 ans, il ferait dans la toilette. Depuis qu'il a eu ses 5 ans, il va effectivement davantage à la toilette. Elle le trouve aussi plus calme. En fait, elle avoue que « Laurent n'est pas si pire que cela comme enfant ». N'eût été son problème d'encoprésie, elle dit qu'elle n'aurait jamais consulté. Toutefois, elle dit que Laurent demeure rude avec sa petite sœur Anaïs, et que lorsqu'elle se consacre à celle-ci, il cherche à attirer son attention en étant dissipé et en faisant des mauvais coups. L'entrée à la maternelle se passe très bien.

Le père se montre peu bavard. Il semble fâché au début de la rencontre, ce qu'il nie. Les parents semblent à couteaux tirés. Ils n'ont pas le même style éducatif ; la mère est plus encadrante et le père est plutôt porté à laisser faire. Je remarque que le père ne dit pas des choses nécessairement gentilles à sa conjointe à deux ou trois reprises. Je me suis sentie mal à l'aise face à la dynamique du couple. Les parents ne veulent pas l'aide d'une travailleuse sociale, prétextant que le problème de Laurent n'est pas assez grave pour cela et qu'ils n'ont pas le temps nécessaire pour davantage de rencontres. Je leur ai donné mon point de vue sur le problème et leur ai suggéré quelques ajustements dans leur façon d'agir avec Laurent. Je leur ai également décrit l'impact possible de leurs difficultés conjugales sur le conflit œdipien que vit Laurent.

Sixième séance

Laurent arrive énergique et de bonne humeur. Il dit aimer aller à la maternelle et s'y être fait beaucoup plus d'amis. Il se met rapidement à la tâche. Tout au long de la séance, il se montre actif, imaginatif et très impliqué dans le jeu. Il a du plaisir et l'interaction est agréable. La qualité de la mentalisation est encore une fois excellente.

Le garçon aligne plusieurs figurines et il invente un jeu. Il doit lancer sa figurine d'oiseau (qui sera son support identitaire) sur les personnages alignés. Il a plusieurs chances pour réussir à les faire tomber. S'il réussit, il gagne et il peut conserver son trésor. Par contre, s'il perd, le bonhomme rouge présent parmi les figurines alignées va gagner le trésor. Il raconte comment l'oiseau est « super rapide, même extra, extra rapide ». Il mentionne que si le personnage rival réussit à prendre le trésor, l'oiseau va être triste, il va s'en aller dans sa chambre et il va lancer ses autos dehors. L'oiseau réussit finalement à faire tomber tous les animaux et il gagne. Il dit que le bonhomme rival (celui qui avait volé le trésor au début) va se cacher parce qu'il a peur. Puis il détermine qu'un autre personnage parmi ceux alignés veut le trésor à son tour ; un nouvel affrontement débute dès lors. Il ajoute un dragon qui frappe violemment les autres personnages parce qu'il n'a pas eu le trésor. L'oiseau gagne encore et le dragon s'en va parce qu'il est fâché. Et ainsi de suite. L'oiseau va toujours gagner...

Laurent change de jeu. Je dois prendre l'auto bleue et lui, l'auto rouge. On s'en va faire du camping. Nous allons à la chasse également. Il m'explique que sa voiture est très rapide, car c'est une Mustang. La mienne est une Renault et elle va doucement. Je dis que mon auto n'est pas une auto rapide. Pour me faire plaisir, il me dit qu'« elle peut quand même aller un peu vite ! » Ensuite, nous allons au zoo de Saint-Félicien. Il y a des taureaux et des bisons. Son personnage devient un chevalier qui va affronter les bisons, car ce ne sont pas ses amis. Puis, finalement, ce personnage s'en va dans sa voiture rouge rejoindre les personnages du début pour régler la bataille qui faisait toujours rage. Il va devenir leur chef et ils vont dire « Oui, chef ! », mais la bataille va toujours durer ; elle n'arrêtera jamais...

Commentaire

Très riche comme contenu. On retrouve l'habituel affrontement entre deux camps pour un enjeu. Intéressante est sa capacité de reconnaître que si son support identitaire perd le trésor, il sera triste et fâché, qu'il va s'en aller dans sa chambre et qu'il va lancer ses autos dehors. Il ne peut donc y avoir de doute sur le personnage qui le représente. Tout cela confirme son niveau de fonctionnement dynamique supérieur. Ainsi en va-t-il de sa sensibilité envers moi : il dit que ma voiture est tout de même un peu rapide, craignant de m'avoir blessée (capacité de me considérer comme un objet en soi). Lorsqu'il m'a demandé de prendre la voiture bleue pour que nous allions faire du camping ensemble, j'ai eu l'impression qu'il faisait un transfert de ses sentiments œdipiens sur moi en tant que thérapeute. Est-ce possible ? La fin de l'allégorie démontre clairement qu'il n'est pas prêt à renoncer à la victoire œdipienne. Étant donné que Laurent n'a que 5 ans, j'imagine que je n'aurai pas à le garder en thérapie jusqu'à ce renoncement, non ? Le garder en thérapie jusqu'à la disparition des symptômes, est-ce un objectif adéquat et réaliste ?

Supervision

On peut considérer son jeu d'aller faire du camping comme indiquant un début de transfert sur toi de ses sentiments amoureux. Il se peut toutefois que tu représentes la mère tout simplement. Il faut attendre la suite. Quoi qu'il en soit, ce transfert amoureux devrait normalement s'installer. Pour ce qui est de la durée de la thérapie, tout va dépendre de l'attitude des parents et de la solidité de leur couple. On peut penser à ce moment-ci que tu n'auras pas besoin de le garder bien longtemps.

Septième séance

Discrètement, la mère me confie que Laurent continue d'aller à la toilette régulièrement, à l'exception de quelques petites « échappées » occasionnelles. Les améliorations observées se maintiennent.

Jeu de l'enfant

Laurent est en grande forme. Il est de bonne humeur. Il choisit les figurines de policiers et de voleurs. Il met 3 voleurs en prison. Il y a un policier. Il s'exclame : « Regarde bien ça, ça va brasser ! Le policier essaie de tirer sur les voleurs pour qu'ils meurent. »

Il prend un personnage tout habillé de noir et dit qu'il est un bon voleur. Ce bon voleur tire sur le poste de police. Ça explose. Il explique : « Le policier va [vouloir] tuer ce bon voleur-là à cause qu'il [le voleur] est super avec ses lunettes noires. Il est invisible. » Il dit que le bon voleur enlève le fusil au policier.

Laurent prend ensuite le coffre-fort et vide l'argent par terre, affirmant : « Y'en a beaucoup, hein ? Y va s'acheter un beau gros bateau de police. » Il précise que le chef policier va trouver l'or. Il va être content et il va rire. Les autres policiers vont chicaner le chef policier. Il dit : « Le chef va dire : "C'est moi qui l'avais trouvé en premier !" ». Puis il trouve une voiture qu'il aime : « Super géniale ! » Il poursuit son histoire, disant qu'un policier va acheter un bateau. Il va aller secourir un autre policier qui est pris dans l'eau. Il dit aussi que les voleurs vont se cacher, car ils ne veulent pas se faire voir. Les policiers les ont retrouvés et ils les battent violemment. Il prend toutes les figurines du bac et les met par terre dans un tas. Il dit qu'ils veulent tous avoir l'or. Il précise que les policiers n'ont pas assez de fusils. Il prend le bateau de pirates, affirmant que « ça va finir que les policiers vont devenir amis avec les pirates et que les pirates vont devenirs gentils. »

F. : Et les voleurs ?

L. : Non, jamais de la vie !

Il ajoute que jadis, les pirates étaient amis avec les voleurs, mais que maintenant, ils sont amis avec les policiers.

Commentaire

J'ai eu un peu de difficulté à le suivre. On peut tout de même en comprendre qu'il simule plusieurs affrontements pour un enjeu. Je crois que son support identitaire est le groupe des policiers. Le rival est représenté tantôt par les voleurs, tantôt par le gentil voleur, tantôt par les autres policiers ou le tas de figurines. Il semble que son support identitaire demeure le plus fort et tout porte à croire qu'il gagnera les différents combats. Je me demande si son agressivité à l'endroit du père ne diminuerait pas quelque peu, ce qui lui permettrait de percevoir les bons côtés de son père (gentil voleur, pirates qui deviennent amis).

Supervision

Laurent pourrait exprimer de l'ambivalence à l'endroit du père, comme tu l'as vu (« C'est un bon voleur »); mais peut-être a-t-il voulu dire qu'il est un voleur habile. Ce serait alors autre chose. Il te dirait alors : « Même si papa a des ressources, je vais arriver à le vaincre. » J'irais plutôt dans cette direction.

Huitième séance

Laurent arrive sérieux et figé. Il n'est pas volubile. Peut-être n'est-il pas tout à fait éveillé puisque c'est le matin. Néanmoins, une fois son jeu démarré, il s'investit très bien. Il choisit les Playmobil (château et chevaliers). Il enlève la jupe de la princesse. Il dit que la princesse s'est fait tuer par le dragon. Il la met dans le lit de verre. Il dit que c'est le chevalier qui a pris la princesse et qui l'a cachée là, dans la tour du château. Le chevalier attrape le dragon et il le met en prison.

F. : Qu'est-ce que le chevalier a l'intention de faire avec la princesse morte ?

L. : Elle n'est pas morte. Il l'a seulement cachée.

Le dragon réussit à sortir de la prison. Il monte dans le château. Il va lancer une balle de feu sur la princesse. Le dragon fait brûler le château. Il s'exclame : « Et là, il l'a, la princesse. Il s'envole avec elle. Le chevalier essaie d'attraper la princesse. »

F. : Tous les deux veulent la princesse ?

L. : Le chevalier ne l'aura plus.

Il précise que le dragon amène la princesse sur une montagne de feu.

Le dragon s'en prend de nouveau au château. Il insiste sur le fait que le château brûle et que c'est le dragon qui le fait brûler. Il brasse le château suffisamment fort pour que j'intervienne en lui demandant de faire attention au matériel.

F. : Le dragon a l'air vraiment en colère...

L. : Il veut jeter le château, le faire tomber.

Tout à coup, Laurent malmène le dragon.

F. : Qui lui fait mal?

L. : C'est une sorcière.

F. : Qui voudrais-tu être dans l'histoire?

L. : Le dragon.

Il remet la jupe de la princesse, car « elle va continuer d'être belle », dit-il. Il dit qu'il avait enlevé sa jupe, car le dragon s'en venait.

F. : Comment va se terminer l'histoire?

L. : Ils vont aller prendre une « ride » en bateau [le dragon, la princesse et le chevalier] et ils vont voir un bateau de pirate. Ils se chicanaient pour l'avoir.

F. : Qui va avoir la princesse finalement?

L. : Tous les deux.

Commentaire

Évidemment, on retrouve encore ici un affrontement entre deux camps, dragon versus chevalier, pour un enjeu, la princesse. Ce qui est particulier dans cette séance à mon avis, c'est la charge agressive à l'endroit de la figure maternelle d'abord (la princesse), mais aussi à l'endroit de la figure rivale représentée par le chevalier et le château, je crois. Le château pourrait également représenter la figure maternelle. Il y a à la fois un désir important de s'approprier la figure maternelle et, en même temps, un désir de s'en prendre à elle et de lui faire mal. L'utilisation importante du feu dans l'histoire, le fait que le château brûle, m'amène à penser que cela peut représenter le désir œdipien envers la mère. Je crois également percevoir l'expression du mouvement castrateur lorsque le dragon se fait malmener par une sorcière. Enfin, j'interprète tout cela comme de la colère et de l'amertume dues au fait qu'il commence à réaliser l'impossibilité de son dessein, ce qui est annonciateur du renoncement. Mais il est jeune encore. Il a eu 5 ans le mois dernier. Le renoncement n'est peut-être pas si proche...

Supervision

Matériel tout à fait intéressant et limpide. Je pense que le château peut représenter le couple actuel (papa et maman). Je suis tout à fait d'accord avec toi : il commence à réaliser que la princesse ne sera pas pour lui. Mais il souhaite encore un « match nul » et un partage de la figure maternelle avec la figure paternelle. Très beau travail de ta part. Tu as très bien décodé ton matériel.

Neuvième séance

Laurent est de bonne humeur. Il dit que ça va bien, tant à l'école qu'à la maison. Lors d'une discussion téléphonique avec la mère, le même jour, celle-ci me confirme que les mauvais comportements de Laurent ont diminué de façon marquée. Il fait beaucoup moins fâcher sa sœur ; il a même tendance à prendre soin d'elle. Aussi, il cherche beaucoup moins à attirer l'attention par des mauvais coups. Il a continué à ne plus faire dans ses pantalons. Toutefois, ce qui inquiète la mère, c'est qu'il se retient beaucoup. Il peut parfois être cinq jours sans aller à la selle. Lorsque madame lui annonce qu'elle est dans l'obligation de lui mettre un suppositoire, il est alors capable de faire ses besoins dans la toilette sur-le-champ. Elle a tendance à utiliser la punition pour le convaincre d'aller à la toilette. Je lui propose d'utiliser plutôt une méthode d'encouragement. À son avis, lorsque Laurent pourra être régulier en ce qui concerne ses selles, il n'y aura plus de problème.

Jeu de l'enfant

Je donne un résumé de la partie la plus significative de la séance. Laurent dit que ça va être une histoire de bateaux. C'est l'heure de la grande bataille. C'est Peter Pan contre Capitaine Crochet. Il prend soin de spécifier que « des pirates, c'est pas gentil ». Il dit que Peter Pan ne peut plus voler. C'est Capitaine Crochet qui peut le faire, car il a reçu de la poudre magique. Il dit que Capitaine Crochet est « cool », car il est capable de se suspendre dans les airs avec deux cordes. Il dit que Peter Pan vient de se faire tirer un boulet de canon et qu'il est mort.

F. : Pourquoi l'ont-ils tué ?

L. : Ils ne l'aimaient pas.

Il dit que les pirates vont envoyer un message à la princesse de Peter Pan : « Ils vont lui envoyer un beau bijou et un trésor. »

F. : Pourquoi lui envoient-ils cela ?

L : Ben... ils donnent ça à leur princesse à eux, la princesse pirate, car ils l'ont jamais prêtée ! Ils sont riches et ils s'en vont voir leur princesse. Ils font des affaires pas correctes.

F. : Comment se termine l'histoire ?

L. : Ils vont s'amuser à tirer des balles de canon.

F. : N'as-tu pas dit qu'ils s'en allaient voir leur princesse ?

L. : Non, ils ne l'aimaient plus.

F. : Pourquoi ?

L. : J'sais pas.

F. : Toi, est-ce que ça t'arrive encore de vouloir que ta maman soit ton amoureuse ?

L. : Non, elle veut pas.

F. : Tu te sens comment avec ça ?

L. : Bien.

F. : Qu'est-ce que tu penses du fait que ta maman ne veuille pas être ton amoureuse ?

L. : Elle va dire que quand je vais être grand, je pourrai être son amoureux.

Commentaire

C'est très mignon comme scénario. On voit bien comment, lorsque le voile est levé sur la problématique et que l'enfant a pu commencer à prendre conscience de ce qui l'habite, le scénario devient tout à coup tellement limpide ; on peut dès lors parler ouvertement des vraies choses avec l'enfant. On retrouve ici, bien évidemment, un affrontement pour un enjeu. Le support identitaire est représenté par le Capitaine Crochet, Peter Pan symbolisant la figure rivale. Il apparaît assez clairement que le Capitaine Crochet s'apprête, après avoir tué Peter Pan, à conquérir la princesse de Peter Pan, comme Laurent lui-même veut conquérir l'amoureuse de son père. Toutefois, le garçon m'a vue venir et il a rectifié l'histoire en disant que c'est « leur princesse à eux, la princesse pirate, car ils l'ont jamais prêtée » ! Je le trouve très intelligent, le petit bonhomme ! D'ailleurs, il est très facile en séance (calme, à l'écoute, acceptant bien l'interruption à la fin). Autant le dénouement de l'allégorie que la conclusion de notre conversation démontrent qu'il n'a pas renoncé. Il semble que la mère a bel et bien mis en application les recommandations et Laurent sait qu'elle ne veut pas céder à sa séduction. Toutefois, il n'est pas encore tout à fait prêt à accepter cette réalité... J'ai tendance à interpréter son refus d'aller à la selle comme une forme d'opposition. Ou bien il est déréglé dans ses habitudes à cause de l'utilisation des suppositoires. Qu'en pensez-vous ? Je sais que la pédiatre le voit mardi prochain. J'ai pris soin d'ajouter mes notes récentes au dossier afin que le pédiatre puisse les lire et éviter un nouvel usage de produits pour faire aller le garçon à la toilette.

Supervision

Très « cute » comme matériel. Tu le décodes parfaitement. Je pense que la rétention est une stratégie pour posséder l'attention de la princesse (la mère). Il est en voie de se faire à l'idée que la maman ne sera pas pour lui. Mais cela lui est un peu pénible, d'où son invention : « Elle m'a dit que plus tard, je pourrai être son amoureux. » C'est la dernière bulle que la mère doit crever !

Dixième séance

Laurent est de bonne humeur. Il dit que ça va bien. Il me parle de son école, des activités qu'il préfère, ainsi que de ses amis. Il se met rapidement au jeu. Il confie : « Il va y avoir un blessé. » Il explique que le bonhomme est à l'hôpital. Il lui installe un plateau pour manger et des livres à regarder. (Il explore le matériel pendant de longues minutes. Il est très habile et tenace pour comprendre comment les choses fonctionnent. Il y arrive presque toujours par lui-même et il en est très fier.) Il installe ensuite une télévision pour son bonhomme hospitalisé. Je lui demande pourquoi son bonhomme est blessé. Il dit qu'il ne le sait pas. Un peu plus tard, il dit que le bonhomme est mort et que l'hélicoptère va l'amener dans le ciel. Ensuite, il change d'idée. Le bonhomme est vivant et l'hélicoptère va l'amener à l'ambulance qui, elle, l'amènera à l'hôpital.

F. : Quel âge a le bonhomme ?

L. : J'sais pas.

F. : Est-ce un adulte ou une enfant ?

L : C'est un adulte.

Une fois qu'il sera rendu à l'hôpital, le bonhomme sera monté à l'étage. Laurent dit qu'il s'est fait tirer dessus, sur ses deux jambes. C'est ce qui fait que ses jambes sont dans le plâtre.

F. : Est-ce qu'il va s'en sortir ?

L. : Non, j'pense pas.

F. : Est-ce que ça se pourrait, Laurent, que toi, même si tu aimes énormément ton papa, tu souhaiterais parfois qu'il s'en aille pour te permettre d'avoir ta mère à toi tout seul afin qu'elle soit ton amoureuse ?

Laurent fait signe que oui : « Oui, j'aimerais que papa s'en aille pour que maman soit mon amoureuse, mais papa est toujours là... » Il prend plusieurs minutes pour fabriquer un toit et l'installer au-dessus de son bonhomme afin que celui-ci soit à l'abri lorsqu'il pleuvra. Ensuite, il raconte que les policiers viennent voir ce qui est arrivé. Il se trouve qu'il y a un voleur. Les policiers le mettent dans leur fourgonnette et l'amènent en prison. Le bonhomme blessé est content. Laurent dit que l'histoire se termine comme suit : le blessé n'est plus blessé et il va faire un beau tour d'hélicoptère.

Commentaire

Dans ma compréhension de son histoire, j'ai tendance à penser que le blessé représente la figure rivale, en l'occurrence le père, et que le fait qu'il soit tantôt blessé, tantôt mort est l'expression du désir de Laurent de l'écarter de sa mère pour qu'il puisse lui-même occuper la place d'amoureux auprès d'elle. J'interprète son installation du toit comme un désir de réparation envers le père, animé par la culpabilité liée à son désir qu'il soit mort ou blessé. Ensuite, le mouvement castrateur se manifeste sur la personne du voleur, son support identitaire, qui est puni et mis en prison. Mais peut-être y a-t-il une autre façon de voir ? Le blessé aurait-il pu être son support identitaire ?

Supervision

Je ne pense pas qu'on puisse le placer derrière l'adulte blessé. Il est bel et bien derrière le voleur qui mérite d'être emprisonné. C'est la seule façon raisonnable de décoder le matériel, me semble-t-il. Belle présence de ta part. Il progresse dans son œdipe : la force du mouvement castrateur est de bon augure.

Onzième séance

Laurent arrive l'air endormi et silencieux. « Pour la première fois », nous dit sa mère, « il n'avait pas envie de venir à la séance. » Elle me dit seule à seule qu'elle a utilisé le livre Caillou et le dragon, qui présente le complexe d'Œdipe aux enfants. À la fin de l'histoire, Laurent lui a dit : « C'est comme moi, hein maman ? Je ne peux pas être ton amoureux ? » Elle lui a donc confirmé que non. Je lui confie qu'il pense pouvoir être son amoureux lorsqu'il sera grand. Je lui dis qu'il est important de lui préciser que ce ne sera pas davantage possible à ce moment-là. Madame est d'accord pour le faire.

Jeu de l'enfant

Laurent choisit son matériel et s'installe sur le sol. Il manipule et explore le matériel silencieusement pendant de longues minutes. Ce n'est que vers la fin de la séance qu'il raconte un petit bout d'histoire, et ce, malgré mes nombreux encouragements à le faire plus tôt. Il met en place une course entre deux motocross et l'un de ceux-ci gagne. Elle gagne une couronne en or. Il fait rouler l'auto bleue : « Elle roule à fond, elle perd jamais de gaz. Elle allait bien trop vite. »

Il raconte que la couronne est accrochée à l'auto bleue. Elle est projetée dans les airs et retourne sur le motocross, car c'était à lui. Ensuite, elle est projetée à nouveau sur l'auto bleue et, ensuite, sur la jeep rouge. Les vélos attrapent la couronne.

F. : On dirait que tous veulent la couronne ?

L. : Non, c'est les deux pirates. C'est des voleurs. Ils voulaient la voler. Ils la prennent et s'en vont. C'est Capitaine Crochet et Capitaine Mouche. Ils vont aller la porter à une sorcière et elle va la mettre dans sa soupe. C'est une sorcière super méchante. Et Capitaine Crochet sera mis en prison dans une prison à pirates. Capitaine Crochet voulait un diamant et c'était défendu de prendre ça.

F. : Est-ce que ça t'arrive à toi des fois de désirer quelque chose et de te rendre compte que ce n'est pas possible ?

L. : Oui.

F. : Comme le fait de vouloir que maman soit ton amoureuse et de te rendre compte que ce n'est pas possible ?

L. : Oui. Mais quand je serai grand, je pourrai être son amoureux.

F. : Tu penses que ce sera possible quand tu seras grand ?

L. : Oui.

F. : En as-tu discuté avec ta maman ?

L. : Non.

Commentaire

Nous avons un affrontement entre deux camps pour un enjeu. Je crois que Laurent se profile derrière les pirates, notamment le Capitaine Crochet. Bien que celui-ci réussisse à s'emparer de la couronne, le mouvement castrateur fait son apparition et Capitaine Crochet est puni. Laurent exprime très clairement par sa phrase « Capitaine Crochet voulait un diamant et c'était défendu de prendre ça » qu'il a compris qu'il ne peut pas être l'amoureux de sa mère dans l'immédiat. Toutefois, il exprime très bien par la suite qu'il continue à s'accrocher à l'illusion que ce sera possible lorsqu'il sera grand. Le seul symptôme qui persiste est la retenue de ses selles. Je crois que nous sommes clairement en fin de processus et j'espère qu'il saura aller à la toilette régulièrement lorsque la mère aura « crevé sa dernière bulle ».

Supervision

Il est tenace, le petit Laurent. Rien à ajouter à ton commentaire. Le matériel est magnifique.

Douzième séance

Laurent refuse d'enlever son manteau d'hiver et sa tuque à son arrivée. Je lui demande s'il avait envie de venir aujourd'hui et s'il a envie de jouer (sa mère m'avait dit la semaine passée qu'il n'avait pas envie de venir à la rencontre). Il répond par l'affirmative. Il choisit le jeu de soldats. Il met beaucoup de temps à explorer le matériel et à mettre en place ses choses. Il met également beaucoup de temps à assembler la maisonnette. Étant donné qu'il a eu besoin de moi pour le faire, il la défait et il la remonte tout seul. Il veut réussir et il se montre très patient et très tenace. Il dit que « le chef des tanks habitait là, et moi, j'habite ici ». Il simule un affrontement entre deux camps soit le tank, qu'il nomme « le plus fort » et les autres tanks. « Le tank tire une bombe, c'est le plus fort », dit Laurent. La bombe fait exploser le pont et les deux maisons. Il dit que c'est le meilleur tank, car il peut se transformer en tout. Puis il balaie de sa main tout le matériel installé sur le tapis de jeu. Il dit que c'est le tank (le plus fort) qui a tout fait exploser.

F. : Comment se termine l'histoire ?

L. : Ça devient en feu et c'est le plus fort qui a gagné.

F. :Est-ce que ça se pourrait Laurent que tu penses encore que lorsque tu seras grand, tu pourras être l'amoureux de ta mère ?

L. : Oui.

Il répond d'un ton très assuré.

Commentaire

On peut observer le désir de l'emporter sur la figure rivale et de se montrer le plus fort. Le tank appelé « le plus fort » est le support identitaire. Les autres ou le chef des autres représentent la figure rivale. L'enjeu n'est pas clairement nommé, mais on peut supposer que celui-ci est implicite. Le support identitaire remporte la victoire. Le feu peut symboliser le désir œdipien. Comme vous l'écriviez, il est très tenace, le petit. Il n'a pas renoncé. C'est probablement pourquoi il continue de retenir ses selles. La mère sait très précisément ce qu'elle doit faire. Reste à voir si elle le fera.

Supervision

Il affronte effectivement la figure rivale et comme tu l'écris, l'enjeu semble sous-entendu. Il se pourrait toutefois que le pont et les maisons qui explosent figurent la relation entre le père et la mère, relation à laquelle il s'attaque et qu'il anéantit. Bon signe qu'il réponde d'un ton assuré à ton interprétation.

Treizième séance

Échange avec la mère

Depuis la semaine dernière, Laurent a recommencé à faire dans ses pantalons. Madame dit que jeudi dernier, ses selles étaient abondantes comme jamais. Elle semble découragée, car elle craint l'impact de ce problème sur l'intégration sociale de son fils à l'école. Je lui demande si elle a eu l'occasion de préciser à son fils qu'il ne pourra jamais être son amoureux, pas même lorsqu'il sera grand. Elle me dit que c'est bien le cas. Elle aurait fait cette précision la semaine dernière. Elle dit également qu'elle lui lit le livre de Caillou chaque soir.

Séance avec l'enfant

Laurent se présente au rendez-vous avec une forte odeur de caca. Il choisit le château et les chevaliers pour faire son jeu. Il joue avec les canons et la catapulte. Il semble dans sa bulle et tient peu compte de moi. Voyant le temps qui file, je l'invite à construire son scénario. Je lui demande ce qui se passe dans son histoire, et ce, à plus d'une reprise. Il fait comme s'il ne m'entendait pas. Il ne répond pas. Après un certain temps. Il finit par se délier la langue.

L. : Moi, je suis le plus gros chevalier.

Il est son propre personnage, format géant. Il tient une arme dans sa main et il s'amuse à frapper l'armurier et le fait tomber. Il fait se promener la couronne par terre. Il précise alors : « La couronne bouge et se retrouve sur la tête de la fillette. »

J'essaie d'en savoir plus sur ce dernier personnage. Il dit que c'est une princesse, car elle a une couronne. Il regarde sous sa jupe. Il dit qu'elle a une mini-jupe. Il voit une autre figurine féminine. Il affirme que c'est une sorcière méchante. Il lui met un chapeau de sorcière. Il précise qu'« elle a tout brisé le château des chevaliers, car elle est méchante. »

F. : Que font les chevaliers, après la destruction de leur château ?

L. : Ils font rien. Ils l'ont pas vue, c'est la nuit.

Il raconte qu'il y a un dragon. C'est le dragon de la sorcière. « Lui [le chevalier géant] », ajoute-t-il, « il est le chef des chevaliers et il se bat contre le dragon et les deux canons. » Je lui demande pourquoi il se bat ainsi. Il me répond qu'il veut tuer le dragon ; il veut lui marcher dessus avec son pied. Il affirme ensuite qu'il n'est pas capable de le tuer, car il n'est pas tuable. Puis, il dit que « le dragon est devenu fou raide ». Le dragon est projeté dans la prison du château et reste pris. Il défonce la prison et fait tomber le château à la renverse. La sorcière le cherche, le trouve et le tire par la queue. Le chevalier géant écrase le dragon de son pied et le tue. Il raconte que les canons ne sont plus gentils avec le dragon. Ils ne sont plus amis avec lui. Il dit donc que l'histoire se termine et que le dragon est mort. Il précise ensuite que le dragon devient plutôt un chien gentil qui rapporte la balle !

Commentaire

On voit clairement ici encore qu'il y a un affrontement entre deux camps, les chevaliers et leur chef (c.-à-d. le support identitaire) contre la sorcière et son dragon (c.-à-d. la figure rivale). L'enjeu pourrait être la princesse du début ou les canons. On peut remarquer que le dragon domine l'affrontement pendant une bonne partie du jeu. D'ailleurs, Laurent dira du dragon qu'il n'est pas capable de le tuer, car il n'est pas tuable, laissant supposer qu'il commence à réaliser qu'il ne pourra peut-être pas l'emporter sur lui. Le chevalier géant gagne toutefois la bataille, ce qui laisse voir que Laurent n'a pas encore accepté de renoncer. Je pense qu'il est toutefois en colère parce qu'il réalise de plus en plus le caractère impossible de son dessein œdipien. C'est peut-être pourquoi il a recommencé à faire dans ses pantalons abondamment, afin de défouler sa colère sur la mère, qui lui a dit très clairement qu'elle n'est pas son amoureuse et qu'elle ne le sera jamais.

Supervision

Il est évident que le retour du symptôme est lié à la prise de position de la mère. Il y a en fait deux affrontements qui se succèdent dans cette séance : d'abord, Laurent affronte l'armurier (la figure rivale) avec comme enjeu la princesse et, dans le second affrontement, il affronte la sorcière méchante qui a mis son « château » en ruines. À côté de la sorcière (mère refusant la quête amoureuse de Laurent) se trouve le dragon (la figure rivale). Celui-ci est tué puis, finalement, ce n'est pas le cas : il devient plutôt gentil avec Laurent, comme un chien de compagnie qui rapporte la balle.

Je pense qu'il réalise que sa quête amoureuse ne se conclura pas comme il l'espérait. D'où sa rancœur et sa hargne à l'endroit de la mère (devenue sorcière à ses yeux) et du papa, dragon « pas tuable ». Je ne serais pas surpris que tout se règle du jour au lendemain, à tout moment.

Quatorzième séance

Laurent arrive en retard, accompagné de sa mère. Celle-ci s'en excuse. Elle dit que Laurent n'est pas très content ce matin. Il ne voulait pas venir à la séance. Elle précise que c'est parce qu'ils ont eu un conflit. Le garçon refusait d'aller à la toilette. La maman mentionne que de ce temps-ci, il refuse d'y aller. Il peut être de nombreux jours à ne pas y aller. Elle doit donc recourir aux suppositoires. Il y a aussi des périodes où il fait dans ses pantalons. Elle affirme être vraiment à bout, me disant que cela fait deux ans qu'ils essaient de régler ce problème et qu'elle a bien hâte que ça débloque, en me jetant un regard qui me fait bien sentir qu'elle s'attend à ce que je livre la marchandise et rapidement !

Jeu de l'enfant

Laurent est silencieux et il refuse d'enlever son manteau. Il choisit son matériel et le manipule. Il se place loin de moi. Il ne me parle pas. Je respecte son silence.

Puis, après quelques minutes, il me dit qu'il y a un personnage (un pirate) qui a une carte à la main et qui regarde en direction du trésor. Il s'en va chercher le trésor. Il raconte que le trésor est loin du bateau et que « l'eau est profonde, beaucoup profonde ». Les pirates doivent faire attention de ne pas se noyer en allant chercher le trésor. Ils doivent se dépêcher avant que d'autres (« des humains », précise-t-il) ne viennent le chercher avant eux. Ce sont les pirates qui le trouvent en premier. Ils le mettent dans leur bateau. Laurent explore toutes les richesses contenues dans le coffre. Il dit que les pirates retournent chez eux et qu'ils vont jouer avec les affaires qu'ils ont trouvées. Laurent s'amuse à lancer des boulets de canon sur l'un des humains. Il dit qu'il veut tuer celui-ci pour qu'il ne lui vole pas le trésor. Il réussit à l'atteindre et à le faire tomber. Il en est très fier.

F. : Est-ce que ça se pourrait, Laurent, que tu continues de penser que tu pourrais avoir maman comme amoureuse ?

L. : Oui. Ben... pas tout de suite...

F. : Est-ce que tu continues de penser qu'elle pourra être ton amoureuse lorsque tu seras grand ?

L. : Oui... ben... non... elle pourra pas être mon amoureuse parce qu'elle est trop grande et je suis trop petit. J'en aurai jamais, jamais, une amoureuse, moi, parce je l'ai demandé à une fille de mon école et elle m'a dit non...

F. : Ah, je vois... Tu dois te sentir bien triste de penser cela... Tu sais, ce n'est pas parce qu'une fille t'a dit non que tu n'auras jamais d'amoureuse.

Laurent m'écoute sans parler.

F. : Est-ce que ça se pourrait, Laurent, qu'en même temps que tu réalises que maman ne pourra pas être ton amoureuse, tu te sentes en colère contre maman et contre papa ?

L. : Oui.

F. : Et est-ce que ça se pourrait que ta façon de leur dire que tu n'es pas content, c'est de faire caca dans tes pantalons ?

Laurent fait signe que oui de la tête avec un petit sourire coquin.

F. : Tu sais, Laurent, pour être en mesure de te trouver une petite blonde à l'école, il faut que tu démontres que tu es un grand garçon. Alors, si tu fais caca dans tes pantalons à l'école, cela pourrait amener les petites filles à croire que tu es trop petit pour être leur « chum ».

Laurent me dit que lorsqu'il fait caca dans ses pantalons à l'école, personne ne s'en aperçoit. Je mets en doute sa position en lui rappelant que si cela ne se voit pas, cela peut se sentir...

Puisqu'il a terminé son jeu, je lui demande s'il accepterait de jouer seul dans le local pendant quelques minutes afin que j'aille parler à sa mère un peu. Il accepte sans problème.

Je le laisse donc jouer et je vais discrètement parler à la mère, qui se trouve seule dans la salle d'attente. Nous échangeons un peu sur la situation à la maison.

Madame m'explique que Laurent utilise ses cacas par stratégie. Lorsqu'on lui demande de faire quelque chose et qu'il ne veut pas, si on insiste ou qu'on lui donne une conséquence, il dit : « J'vais faire caca dans mes pantalons d'abord ! » Je lui résume le travail que je viens de faire en séance avec lui. Je la rassure de nouveau sur le fait que même si le garçon les dérange et les exaspère, elle et son mari, il ne s'agit pas d'un « cas lourd ». Il faut me laisser le temps de faire mon travail. Un processus ne peut être court-circuité et, en plus, nous n'en sommes qu'à la quatorzième séance. Je réitère l'offre qu'elle et son mari avaient refusée antérieurement, celle d'avoir recours à une travailleuse sociale pour eux-mêmes. Elle prétend que son conjoint est trop pris par son entreprise. Je lui offre de faire une rencontre avec eux le plus tôt possible. Elle me dit que ce serait possible seulement après les Fêtes. Je lui signifie que je trouve ça trop loin dans le temps et l'invite à revoir son horaire. La discussion a permis de faire baisser la colère et la tension de la mère. J'ai cherché à lui signifier que je comprends son exaspération, que je suis avec eux dans tout cela, que je sais ce que je fais et qu'ils doivent s'investir, eux aussi, pour que la thérapie donne ses fruits.

Commentaire

Malgré la charge agressive de la mère au début, je pense sincèrement que ce fut une très belle rencontre. Tout d'abord, je trouve le matériel magnifique et limpide. J'adore ce moment de la thérapie où le voile est levé sur la problématique et où l'on peut en parler ouvertement avec l'enfant. Je crois que Laurent est avancé dans son processus œdipien. Même s'il n'a pas encore renoncé à la conquête de la mère, il comprend que son dessein est de plus en plus inaccessible (le coffre est loin, l'eau est profonde, quelqu'un d'autre risque de le prendre). Le mouvement castrateur est bien présent (le support identitaire doit faire attention de ne pas se noyer). Le père est représenté par « les humains ». Laurent exprime de l'agressivité à l'endroit de la figure paternelle et il veut l'éliminer (le tuer). Il est maintenant conscient qu'il utilise son encoprésie pour s'opposer et obtenir ce qu'il veut. Malheureusement, j'ai de la difficulté à tenir des rencontres avec les parents en raison de leur manque de disponibilité. Je réalise souvent à quel point il faut être solide dans ses convictions pour affronter ces moments où les parents expriment des doutes sur l'issue de la thérapie. Quand les résultats tardent à venir, il y a souvent un moment où l'un des deux parents a envie de nous lancer à la figure que c'est de la foutaise, cette histoire d'œdipe et qu'il est faux de prétendre que c'est cela qui explique les symptômes. Heureusement, les cas traités (avec succès) précédemment me permettent d'avoir la solidité nécessaire.

Supervision

Très belle séance et très beau travail de ta part, tant pour l'intervention que pour le décodage du matériel. Beau travail auprès de la mère également. Quand l'encoprésie est utilisée comme artifice manipulatoire, il est généralement indiqué de faire participer l'enfant au nettoyage de ses « dégâts ». Et s'il ne le fait pas convenablement, il faut le sanctionner sur un autre plan. Je suis convaincu que les choses sont sur le point de se régler, puisqu'il approche de ses 5 ans et demi.

Quinzième séance

Laurent se présente de bonne humeur. Comme à l'habitude, il refuse d'enlever son manteau et sa tuque. Il choisit le sous-marin et un chevalier. Il raconte que le sous-marin est dans l'eau et qu'il va flotter. Il a mis un bonhomme dedans. Il dit que ça l'air le fun de faire une « ride » de sous-marin. « J'aimerais être assez petit pour entrer dedans », dit-il.

Il me raconte qu'il a eu une nouvelle « pièce d'or », car il a fait un caca dans la toilette chez sa mamie. Je lui demande comment il est arrivé à réussir cela. Il me répond que ce fut très facile. Je lui réponds qu'en effet, je crois qu'il est très capable de le faire, mais seulement quand cela vient de lui. Il répond que oui.

Jeu de l'enfant

Laurent raconte ensuite qu'il va y avoir une tempête de neige et que ça va tomber sur le monde. Un bonhomme va dormir en dessous de la structure de pierres. Il dit que c'est sa chambre. Il se cache, parce qu'« il va y avoir une vraie grosse tempête de neige. » Il prend les deux morceaux de la jupe de la princesse pour cacher les cavités de chaque côté de la structure de pierres. Il dit qu'il dort et qu'il est en sécurité. Puis, il y a un chevalier. C'est celui à l'épée la plus puissante. Je lui demande si le bonhomme sous la pierre a peur. Il répond affirmativement, car, dit-il, « il voulait faire du camping, mais il ne peut pas, car il y a une tempête de neige ». Il prend la reine et me demande si c'est une méchante ou une sorcière. Je lui laisse la possibilité de trancher. Il dit que la cachette a été brisée, parce que le couteau était très coupant. Le chevalier à l'arme la plus puissante l'a détruite. Le bonhomme se retrouve à découvert. Il tente de lui refaire une cachette. Un dragon méchant arrive et détruit tout. Il doit cacher la princesse avant qu'elle se fasse tuer, parce qu'il y a une bataille. Cette bataille comprend le dragon méchant et le chevalier gentil à l'épée la plus puissante. Laurent raconte que le chevalier est contre le dragon, car celui-ci est méchant, et lui, il est gentil. Il dit que le dragon va aller voler la princesse. Il a lancé une balle de feu sur le chevalier.

F. : Tu votes pour qui ?

L. : J'voudrais être le dragon.

F. : Heum... Je pense que tu continues de penser que...

L. : Que maman sera mon amoureuse ?

F. : Oui.

Il répond que c'est le cas.

F. : Qu'est-ce que maman en dirait si elle t'entendait ?

L. : Elle dirait non, elle a déjà un amoureux.

F. : Qu'est-ce que tu vas faire avec ça ?

L. : J'vais me trouver une blonde de mon âge ! C'est une bonne idée hein ?

Il affiche un grand sourire de fierté.

F. : C'est une idée géniale !

Commentaire

Séance magnifique encore une fois. Nous sommes arrivés à la phase de renoncement. Les cacas semblent vouloir débloquer, sans jeu de mots ! J'ai hâte de voir comment cela se passera dans les prochaines semaines. Au début de la séance, je crois qu'il se profile derrière le bonhomme qui est caché. L'angoisse de castration est présente, car il appréhende une menace et il cherche à se protéger. Il y a peut-être même un désir de retourner dans le ventre maternel afin de se protéger de sa tourmente œdipienne et de se retrouver près de sa mère. La figure rivale est représentée par le chevalier. Laurent reconnaît que le chevalier est gentil et qu'il est le plus puissant, ce qui est très positif, je crois. Il se sent méchant de vouloir voler la princesse, reconnaissant que ce n'est pas bien d'avoir ce genre de sentiment. Le dragon devient donc ensuite son support identitaire. Il sait maintenant que son fantasme ne pourra pas se réaliser et il est prêt à se tourner vers les petites filles de son âge.

Supervision

Séance magnifique, en effet! Difficile de dire si la séquence du bonhomme qui va dormir sous la structure de pierres fait vraiment référence à la période qui a précédé l'œdipe et l'affrontement avec la figure paternelle. Quoi qu'il en soit, Laurent n'a pas tout à fait renoncé (le dragon va aller voler la princesse). Mais comme tu l'as vu, il se fait tranquillement à l'idée qu'il doit se tourner vers une fillette de son âge. Bon travail de ta part.

Seizième séance

Laurent se présente de bonne humeur. Je sens tout de suite une odeur nauséabonde... Je le laisse choisir son matériel puis je lui demande s'il se pourrait qu'il y ait du caca dans ses pantalons. Il me dit que oui. Je l'invite donc à retourner auprès de sa mère pour se changer. La maman n'est pas contente. Elle lui demande quand il a fait ça et pourquoi. Il lui dit qu'il l'a fait dans la salle d'attente, juste avant de commencer la séance. La mère dit que de toute façon, ce matin, il s'oppose à propos de tout et qu'il a fait une crise parce qu'il ne voulait pas venir au rendez-vous. J'observe cependant qu'il coopère très bien pour ce qui est d'accepter d'interrompre son jeu pour aller se changer.

Jeu de l'enfant

Au retour, Laurent prend une table, une chaise et la figurine du père. Il l'installe à la table. Il commente : « Il écoute la télé. Il est en train de manger. Il mange beaucoup. Il va manger tout le gâteau. » Il met un bébé dans la même pièce, ajoutant : « Il dit "bye bye" à son ami bébé. Il va s'en aller. » Il demande si le chat noir est un chat méchant. Il pense qu'il est méchant, car il a les yeux verts. Il décide de le mettre dans le même bac que la sorcière. Je lui demande de me raconter une histoire avec le matériel qu'il a choisi.

L. : Le monsieur mangeait tout seul, et là, après, les deux enfants jouent dans la chambre.

Il ajoute alors le personnage d'un petit garçon avec le bébé. Il précise : « Les deux enfants jouent dans la chambre. Les enfants dérangeaient et le monsieur n'entendait rien de la télé. Il est allé manger dehors, car il n'aimait pas entendre les cris des enfants. Il fait juste manger. Il ne fait rien. Il mange beaucoup. Il mange tout. Moi, je suis capable de manger un petit muffin d'une seule bouchée. »

F. : Est-ce le papa de la famille ? [Au sujet du personnage qui mange.]

L. : Oui.

F. : Où est la maman ?

Il ajoute une maman.

L. : Ils crient, les enfants. Les parents ont mal aux oreilles, parce qu'ils crient au meurtre.

F. : Que vont-ils faire ?

L. : Peut-être qu'ils vont les mettre dans leur chambre.

Il raconte qu'il y a un monstre dans la salle de bain de la maison. Il passe sa main par la porte de la maisonnette et il s'empare de la maman, disant : « Le monstre la prend et il la mange ! » Il dit que les deux chiens vont s'occuper du monstre, car ils ont de grosses dents. Il va chercher le chat noir. Il confie : « Ça va brasser, hein ? Parce que c'est un minou de maison hantée. Il a d'énormes dents. Il va défendre la famille. » Il dit que le minou a fermé la porte sur les fesses du monstre. Le monstre a le pouvoir d'être invisible. Le minou mange un bout du monstre et le monstre meurt. Mais un autre monstre arrive, et ensuite un autre, puis un autre. À chaque nouveau monstre, le chat le mange et ses dents grossissent de plus en plus. Le chef des monstres arrive à son tour. Les dents des chiens et du chat sont énormes. Il dit que le monstre s'attaque à la famille parce que c'est un méchant. Il poursuit ainsi : « C'est moi, le méchant ! » Il va chercher le gros bonhomme bleu. Il précise que « c'est un méchant lui aussi et qu'il ne se fera jamais tuer, car il a de grosses pattes de géants ». Il fait dire au chien : « Moi, j'en ai de bien plus grosses. » Il dit que le monstre lance le château sur le chien et que celui-ci meurt. Il reste seulement le dragon (qui avait été ajouté au groupe des animaux) et le chat.

F. : Qui va gagner ?

L. : Je suis mort.

F. : Le monstre est mort ?

L. : Oui.

Il tue également le gros bonhomme bleu.

F. : La famille va s'en sortir et les méchants sont morts ?

L. : Oui.

F. : Est-ce que ça se pourrait, Laurent, que, maintenant, tu as compris que tu ne pouvais pas être l'amoureux de maman, mais tu continues d'être très en colère au sujet de ça ?

L. : Oui.

F. : Est-ce que ça se pourrait que ta façon de dire que tu es en colère, c'est de ne pas écouter maman et de faire caca dans tes pantalons ?

L. : Oui. Moi, j'ai personne...

J'essaie de l'amener à clarifier ce qu'il veut dire. Il me dit qu'aucune petite fille ne veut être son amoureuse à l'école. Il a essayé et cela n'a pas marché. Je lui explique que même si cela ne marche pas tout de suite, un jour il aura une amoureuse de son âge, mais, pour ce faire, lui demandé-je, que doit-il cesser de faire auparavant ? Il me répond qu'il doit cesser de faire caca dans ses pantalons. Je lui confirme qu'effectivement, son amoureuse s'attendra à ce qu'il soit grand et propre.

Je prends quelques minutes seule avec la mère à la fin de l'entrevue. Elle me dit que son fils ne cesse de s'opposer.

Il dit non à toute demande et il faut constamment le pousser à faire les choses. Il continue également de retenir ses selles. Madame a dû lui mettre un suppositoire hier et elle pense que c'est ce qui fait qu'il s'est échappé dans ses pantalons ce matin. Elle semble vraiment à bout. Son conjoint demeure très pris par son entreprise, parce qu'il vient de décrocher un gros contrat. Il semble y avoir un climat très négatif, une sorte de cercle vicieux au sein duquel Laurent ne peut développer une image positive de lui-même.

Commentaire

Au début de l'allégorie, il semble que Laurent s'identifie au papa de la famille, mais il est possible que le personnage du père représente réellement le papa de Laurent. On peut constater dans l'histoire le manque d'investissement du père auprès de ses enfants, qu'il perçoit comme étant dérangeants. Je crois qu'il s'identifie également aux enfants tannants qui dérangent les parents. Le chat méchant et la sorcière sont associés, je crois, à la mère. Par la suite, Laurent devient le méchant monstre qui veut s'emparer de la mère. Le groupe des animaux représente la figure rivale. À travers son jeu, le garçon cherche à démontrer sa supériorité et sa force à plusieurs reprises, cherchant à se mettre en valeur et à démontrer qu'il est à la hauteur de rivaliser avec son père. L'angoisse de castration est très présente par les crocs des animaux qui s'attaquent aux monstres et, plus précisément, qui croquent les fesses du monstre. On peut voir comment l'encoprésie est liée au conflit œdipien par le fait que le monstre s'introduit par la salle de bain pour prendre la mère qui s'y trouve. Le support identitaire perd clairement la bataille. L'issue du combat est la mort. Je crois que Laurent est toujours dans la phase du renoncement, mais qu'il ne se sent pas à la hauteur de conquérir une amoureuse de son âge. Il est donc entre deux étapes. La mère, par son attitude dépassée et très négative, ne l'aide pas à renflouer son estime de lui-même, et que dire du père, qui est absent ? Je trouve que là où est rendu Laurent dans son processus, il devrait y avoir une amélioration des symptômes. Ce n'est pas le cas du tout. J'ai insisté auprès de la mère pour que je les rencontre, elle et son mari, au retour des Fêtes. Elle doit me rappeler aujourd'hui à ce sujet. En attendant, j'ai orienté les interventions de la mère dans le même sens que celle que j'ai faite à Laurent aujourd'hui en parlant des attentes de sa future amoureuse.

Supervision

Tu as bien lu ton matériel. Pour ma part, au début, je le voyais derrière les deux enfants. Pour le reste, j'ai décodé le matériel de la même manière que toi. Il est en train de renoncer à la mère, mais il trouve cela difficile. Cela le met en rogne, d'où l'encoprésie. Il fait voir son mécontentement et sa rancœur à l'endroit de la mère de cette façon parce qu'il sait qu'elle est particulièrement atteinte et dérangée par son manque de contrôle. Très belle présence de ta part. L'issue est proche. Prenons courage. Il est important que le père soit plus présent, car en faisant des activités plaisantes avec son fils, il favoriserait chez lui le mouvement identificatoire, ce qui rendrait beaucoup plus facile l'acceptation de la défaite œdipienne.

Dix-septième séance

Laurent se présente énergique et souriant. Il se met au jeu immédiatement. Il choisit les soldats. Il installe un soldat beige sur le haut de la colline. Ce soldat réussit à atteindre, par ses tirs, tous les types de véhicules, même les plus solides.

F : Pourquoi le soldat lance-t-il des bombes partout ?

L : Parce qu'ils ne sont pas dans son équipe (en parlant des adversaires).

Il précise que « c'est les bruns [les méchants] contre les beiges [les gentils, nommés "les caramels"] ».

Les caramels attaquent l'avion des bruns. Laurent précise : « C'est juste les caramels qui vont gagner. » Il dit ensuite que les caramels sont les plus forts. De fait, à chaque attaque des bruns, les caramels se défendent et dominent. Il dit que les caramels sont gentils et qu'ils attaquent les bruns, car ceux-ci sont méchants. Il y a encore une série d'attaques contre les bruns, les caramels étant toujours les plus forts. Ces derniers réussissent à l'emporter dans chaque affrontement. Ils ont beaucoup de vies. Ils possèdent l'avion et l'hélicoptère. Les tirs de l'ennemi sont « bébés » et leurs balles ont une très faible portée, tombant juste devant eux. Les caramels ont déjà 10 médailles à leur actif, et les bruns en ont 0. Il dit que cette fois-ci, ce sont les bruns qui vont avoir la médaille étant donné qu'ils n'en ont pas. Les bruns vont donc gagner cette fois-ci.

F. : Seront-ils toujours en guerre ?

L. : Non, ils vont arrêter samedi.

Nous échangeons un peu en fin de séance. Laurent m'annonce fièrement qu'hier, il a fait dans la toilette. Il ne sait toutefois pas s'il va le refaire. Je lui dis que je pense qu'il est très capable de le faire, mais qu'il n'accepte pas toujours de faire plaisir à sa mère en faisant dans la toilette, comme attendu par elle. Il acquiesce en souriant...

Commentaire

Laurent se profile derrière les caramels. On peut voir comment, tout au long du combat, il attribue la supériorité à son support identitaire. Celui-ci domine tout au long de la séance, exprimant toute son agressivité envers la figure rivale, la dénigrant même et la laissant gagner presque par pitié. Cela ne fait pas très « renoncement ». Toutefois, sa réponse selon laquelle ils arrêteront la guerre samedi ainsi que le fait qu'il a accepté d'aller à la toilette annoncent peut-être une capitulation prochaine. C'est un suivi anormalement long, je trouve, pour son âge. Je crois que le problème est directement lié à l'impossibilité de tenir des rencontres avec les parents. Le père est, semble-t-il, absolument incapable de se libérer en raison de son entreprise en pleine expansion. La mère avait accepté de me rencontrer jeudi dernier. Elle a annulé son rendez-vous, précisant qu'elle me rappellerait le lendemain pour convenir d'une autre date, mais je suis encore une fois sans nouvelles d'elle. Je crois qu'une sérieuse mise au point s'impose...

Supervision

À première vue, il semble y avoir une remontée de l'espoir que sa quête œdipienne puisse être comblée. Je préfère toutefois ne pas écarter pour l'instant la possibilité de voir ce jeu comme une déclaration qui irait dans le sens suivant : « Je ne sais pas ce que maman trouve à papa : je suis meilleur que lui en tout. » Ça irait bien avec le fait qu'il a accepté hier de faire dans la toilette, et avec le fait que la dernière médaille aille au camp figurant le rival paternel. Remarque qu'il lui donne cette médaille avec rancœur, puisqu'il ne l'a pas méritée, selon lui ; il la lui donne, mais « par charité », pourrait-on dire. Le problème de cette famille, c'est peut-être que la mère est très déçue de l'indisponibilité de son mari et qu'elle continue de jeter inconsciemment son dévolu sur son fils. De plus, il y a ce défaut de présence du père dans la vie de l'enfant et ses répercussions sur le processus d'identification de celui-ci.

Dix-huitième séance

Laurent choisit d'abord les chevaliers. Ensuite, il va chercher le bateau de pirates. Les chevaliers et les pirates se battent les uns contre les autres. Le trésor appartient au chef des pirates. Les chevaliers ont également un trésor. Le chef des pirates veut s'approprier le trésor des chevaliers, parce que ça fait vingt mois qu'ils ne l'ont pas eu.

F. : Tu votes pour qui, toi ?

L. : Les chevaliers.

Ceux-ci lancent des boulets de canon sur les pirates. Ils utilisent également la catapulte. « Ils mettent du feu sur la pierre à catapulter afin que ça brûle plus », dit Laurent. Le bateau de pirates prend feu et tombe à la renverse. Il reste seulement un pirate en vie et il est fâché. Il sort son épée. Le dragon est du côté des pirates. Le chevalier lui rentre son épée en or dans la bouche. Pendant ce temps, la princesse des chevaliers dort dans le château. Laurent dit que le dragon est maintenant avec les chevaliers, car le chevalier lui a « raisonné [ou résonné] le cerveau avec son épée en or ». Le bateau de pirates coule et les chevaliers gagnent. Le dragon va chercher le trésor des pirates et les chevaliers conservent ainsi les deux trésors.

F. : Heum... je crois que tu continues à vouloir encore beaucoup que maman soit ton amoureuse ?

L. : Oui.

F. : Que vas-tu faire avec ça ?

L. : Ben, j'suis pas sûr de vouloir tellement que maman soit mon amoureuse... Maman est déjà grande et c'est papa son amoureux...

F. : Alors, que vas-tu faire ?

L. : Rien.

F. : Rien ?

L. : Je l'sais ce que je va faire ! J'vais en trouver une de mon âge. J'suis en train d'en trouver une à l'école. C'est à veille d'arriver...

On parle un peu de ses cacas et du fait qu'il ne veut pas faire plaisir à ses parents en faisant dans la toilette. Sa façon de répondre est évidente : il ne veut pas encore accepter d'aller sur la toilette. Je lui signifie que c'est plus facile de se trouver une blonde quand on fait ses cacas dans la toilette comme un grand. Il sourit.

Commentaire

J'ai cru comprendre qu'il se profilait derrière les chevaliers. Dans cette optique, il remporterait donc la victoire. Toutefois, sa réponse à la fin va davantage dans le sens du renoncement. J'aurais tendance à dire qu'il est dans la phase du renoncement, mais qu'il garde une grande amertume. La mère semble être sa cible, mais son attitude (rage et rejet) n'aide en rien. Toutefois, je ne sais plus quoi lui dire, puisqu'elle affirme ne pouvoir faire autrement.

Supervision

Laurent essaie de se convaincre de renoncer à la conquête de la mère, mais il a l'air de dire « c'est plus fort que moi ». Ça le travaille énormément. Il cherche ailleurs (!), dans la direction d'une fille de sa génération... et il pense que ça va aboutir sous peu. Personne plus que la mère (et nous deux !) ne souhaite que cela se produise enfin... C'est excellent que le père s'implique davantage et que Laurent répare ses dégâts lui-même. Il faut que la mère s'efface le plus possible et qu'elle évite toute attitude rejetante, car celle-ci ne ferait que provoquer de la rancœur et maintenir la problématique.

Rencontre avec les parents

J'ai enfin réussi à convaincre le papa de venir en rencontre-parents. Il est de bonne humeur. Les parents disent que Laurent demeure très opposant à la maison. Ils se soucient d'être plus présents pour lui. Le papa vit les choses de façon moins dramatique, mais la mère est écœurée de ramasser les dégâts (ça fait plus de deux ans que la situation dure). Elle a le sentiment profond que son fils la provoque et elle n'arrive pas à rester neutre. Lorsque c'est possible, elle demande à son conjoint d'intervenir à sa place, surtout quand elle est très fâchée. Elle dit être capable quand même d'avoir par moments des interactions positives avec son fils, mais j'en doute un peu. Elle lui demande de se nettoyer lui-même et de nettoyer ses sous-vêtements lorsqu'il se salit. Les parents ont un style éducatif qui diffère grandement de l'un à l'autre : père permissif et mère stricte. Je sens beaucoup de pression et d'agressivité de la mère pour que les résultats de la thérapie arrivent enfin ! Je réitère les recommandations d'usage aux parents et leur demande plus de régularité et d'engagement dans le suivi.

Dix-neuvième séance

En début de séance, Laurent parle du fait que son équipe de hockey est la meilleure. Ensuite, il cherche à démontrer ses compétences à écrire des lettres au tableau. Ensuite, il produit deux scènes de jeu symbolique : toutes deux comportent un affrontement entre deux camps (méchants et gentils) pour un enjeu, au terme duquel le support identitaire (le méchant) remporte la victoire.

Supervision

Que le support identitaire soit dit méchant laisse voir le malaise dans la victoire ou la conscience coupable de son désir de conquête. Cela peut être de bon augure.

Vingtième séance

Laurent arrive calme et souriant. Il n'arrive pas à fixer son choix sur le matériel. Il décide finalement d'aller dessiner au tableau. Il me montre comment il sait faire des lettres et des mots. Je lui dis qu'il semble vouloir me démontrer à quel point il est compétent à faire ce genre de choses. Il me répond que oui. À un certain moment, il me dit qu'il écrit un « m » comme « je t'aime, mon p'tit amour ».

Jeu de l'enfant

Il décide de prendre les Legos de pirates. Il prend trois coffres au trésor et il cache l'or dans l'un des trois. On doit jouer à tour de rôle à deviner dans quel coffre le trésor se cache. Pour ce faire, on doit dire « ma petite vache a mal aux pattes » et voir si on réussit à s'arrêter sur le bon coffre. Ce jeu l'amuse beaucoup, particulièrement lorsque je ne réussis pas. Encore là, je lui dis qu'il semble vouloir me montrer ses compétences et comment il pourrait faire un bon amoureux pour une femme, ce à quoi il acquiesce. Durant la comptine, il ajoute des paroles : « Je t'aimerai toujours », et ce, à quelques reprises. Un peu plus tard, il ajoute : « Je ne t'aimerai plus ».

F. : Tu parles beaucoup d'amour aujourd'hui. Tu aimes qui, toi, maintenant ?

Il sourit, l'air gêné.

L. : Je ne sais pas encore qui aimer.

F. : Est-ce qu'il t'arrive encore de vouloir aimer maman ?

L. : Non.

Il continue le jeu et ajoute encore une fois : « Je ne t'aimerai plus... »

À la fin de la séance, la maman me dit que ce matin, Laurent était en train de jouer et il a décidé de lui-même d'arrêter son jeu pour aller faire ses besoins dans la toilette.

Commentaire

On dirait que les choses débloquent. Laurent semble être rendu à une autre étape, soit un transfert plus marqué sur la thérapeute de son conflit œdipien. Son style de jeu vient de changer du tout au tout. J'ai bon espoir. La mère semble encouragée également.

Supervision

Bonne nouvelle. Je pense aussi que les choses débloquent. Il semble avoir accepté de décrocher de son projet œdipien. Le rival de son premier jeu peut fort bien être ton amoureux présumé (par lui).

Vingt et unième séance

Laurent se présente calme et de bonne humeur. C'est son père qui l'accompagne. Il choisit pour son jeu la jeep, des motos et la voiture bleue. Il dit qu'il va faire une course. Il décide que la course aura lieu entre la jeep et la voiture ; il dit que des motos, « c'est poche, car ça ne roule pas assez vite. » La jeep est beaucoup plus rapide que la voiture. Elle part donc derrière la voiture, mais elle arrive tout de même la première. Laurent place la jeep encore plus loin derrière la voiture ; néanmoins, la jeep l'emporte encore. Laurent me confie qu'au hockey, il est devenu le plus rapide de son équipe. Je lui demande comment s'appellent les conducteurs des véhicules. Dans la jeep, c'est son père, Marc-André, qui conduit, et lui-même est assis à côté. Dans la voiture bleue se trouve Mathieu, le frère de son père. Il dit que Mathieu est « poche ».

Quelqu'un se met à tirer sur la voiture rouge avec une carabine. Cependant, la jeep est bien cachée derrière la patte de la table. Laurent dit que le tireur tire sur la jeep, parce qu'il aurait aimé gagner la course. Il dit qu'ils ne se feront jamais atteindre. Ce sont des méchants qui tirent. Ils utilisent maintenant la catapulte. Plusieurs balles de feu seront lancées en direction de la jeep, sans succès. Arrive ensuite un méchant dragon qui lance des balles de feu en or. Lui non plus, il n'arrivera pas à atteindre la jeep.

F. : Comment se termine ton histoire, Laurent ?

L. : Le dragon va arrêter de tirer, car il n'aura jamais réussi.

F. : Je crois que le dragon a compris qu'il n'avait aucune chance d'y parvenir ?

L. : Oui.

Puis le dragon lance une dernière balle de feu qui rebondit sur la jeep et revient sur lui, le tuant sur le coup. Laurent me dit alors qu'il est allé de lui-même sur la toilette plusieurs fois. Il semble très fier de lui.

Commentaire

Je crois que Laurent se profile derrière les méchants, plus particulièrement le dragon. La supériorité de la figure rivale, en l'occurrence le père, est reconnue. Son support identitaire essuie la défaite. Il reconnaît l'interprétation, allant même jusqu'à faire mourir son personnage. Je crois que nous sommes en phase de terminaison de la thérapie. Ouf ! Que ça fait du bien...

Supervision

Il y a en fait deux supports identitaires : l'un qui fait équipe avec le père dans la jeep, et l'autre ou les autres sont ceux qui essaient de l'emporter sur eux, père et fils. C'est comme s'il te disait : « Je suis bien mieux de faire équipe avec mon père, donc d'accepter ma place de fils, plutôt que de chercher à l'emporter sur lui ou à le faire disparaître. De toute façon, je n'y arriverai pas. Je dois donc mettre ce projet de côté », d'où la mort du dragon. « Ouf ! », en effet !

Vingt-deuxième séance

Échange avec la mère

Laurent a été plusieurs jours sans aller à la toilette. Sa mère a dû utiliser de nouveau les suppositoires.

Cependant, elle constate à quel point cela le fâche et que par la suite, il semble en éprouver de la frustration et manifester de mauvais comportements. Elle a essayé une poudre de fibres dernièrement et cela a fonctionné de façon excessive : il s'est vidé l'intestin complètement à l'école. Nous regardons ensemble s'il est possible de réessayer, mais en diminuant la dose. Laurent accepte bien cette poudre. De plus, je suggère à la mère de lui faire prendre celle-ci le soir au coucher et le lendemain, de proposer à Laurent d'aller s'asseoir sur la toilette quelques minutes à la même heure. Je crois que Laurent est assez avancé dans sa thérapie pour accepter de faire cela. Madame dit que durant la période au cours de laquelle il est allé à la toilette de lui-même, il avait de bons comportements à la maison et il était gentil. Je remarque une différence d'attitude de la mère envers Laurent. Elle n'a plus l'air à bout et enragée. Elle semble même plus affectueuse et moins rejetante à l'endroit de son fils.

Jeu de l'enfant

Laurent est grippé et endormi aujourd'hui. Il choisit de dessiner. Ensuite, il découpe des dessins et les colle sur une feuille. C'est la première fois qu'il choisit ce genre d'activité en séance et je peux constater à quel point cela est ardu pour lui. Il n'est manifestement pas dans son élément. Dans un premier temps, il dessine quatre arbres. Ce sont les membres de sa famille : papa à gauche, lui-même, sa sœur, et sa mère à droite. Ensuite, il dessine trois bonshommes et il les colle à la suite de la mère à droite. Il dit que le premier est papa, le deuxième, lui-même et le troisième, sa sœur. Je lui demande de raconter ce qui est en train de se passer. Je note la pauvreté de la qualité formelle des dessins.

L'histoire se présente comme suit. Les arbres pouvaient changer de couleurs. Ils pouvaient s'échanger des couleurs entre eux. Les trois bonshommes sont en train de regarder les arbres. Des fleurs avaient poussé dans les arbres : des fleurs de citrouille, de poire, de fraise et de banane. Je lui demande où est la maman. Il dit qu'elle est partie travailler. Laurent dit qu'il avait neigé un peu et que les trois bonshommes se sont fait un fort en arrière des arbres.

L. : Les arbres nous font le manger qu'on veut. Ils nous donnent des doudous quand on a froid. Ils peuvent se transformer en maison pour nous.

F. : Comment se termine ton histoire, Laurent ?

L. : Les arbres sont rendus capables de nous sortir les jeux qu'on veut et nous, on reste tout le temps dehors.

Commentaire

Je crois qu'il y a une dimension physique associée au problème de Laurent, en ce sens que ses sphincters n'ont pratiquement jamais pu développer leur fonction normale. Rappelons que cela fait plus de deux ans qu'il souffre de constipation chronique. Je crois qu'on peut favoriser les choses en utilisant des fibres. Laurent dit qu'il ne ressent pas toujours l'envie d'aller à la toilette, même quand il est temps d'y aller. Les suppositoires agissent, mais pas complètement, selon la mère. Qui plus est, c'est un moyen qui peut s'avérer très intrusif pour le garçon. Il fait des crises et il refuse. Il faut lui mettre ces suppositoires malgré lui. C'est très mauvais, selon moi. Dans son jeu symbolique, j'ai l'impression que les arbres pourraient représenter la bonne mère, celle qui aime, qui réchauffe et qui nourrit, mais aussi la mère œdipienne capable de produire des fruits. Si c'est le cas, est-ce dû au changement d'attitude de la mère envers Laurent ? C'est comme s'il nous parlait des bons côtés de sa mère, à moins que ce soit l'expression de ses besoins propres envers sa mère. Toutefois, ce sur quoi je m'interroge, c'est que le père semble mis sur le même pied d'égalité que les enfants...

Supervision

Il faut peut-être soupçonner la présence d'un problème au niveau physique, mais nous allons pouvoir le vérifier éventuellement. Une réduction de la dose de fibres pourrait donner le résultat attendu.

Concernant le matériel, j'ai moi aussi été étonné de voir la présence du papa au même niveau que les enfants (dans les trois bonshommes dessinés). Les arbres jouent une fonction apparemment maternelle, comme tu l'as vu. C'est plutôt singulier, car, habituellement, les arbres évoquent plutôt symboliquement la relation avec le père. La mère est en outre pourvoyeuse : c'est elle qui est partie travailler. Le climat qui se dégage de la production est plutôt serein, agréable. Peut-être Laurent manifeste-t-il son bonheur de vivre une relation harmonieuse, non conflictuelle avec son père : ils font un fort ensemble. Pas d'opposition, pas de rancune. On est bel et bien dans un environnement chaleureux qui protège adéquatement les personnages. Il se pourrait donc que ce soit l'essentiel pour lui : insister sur le bonheur de retrouver le compagnon d'aventure et de jeu que peut être son papa.

Vingt-troisième séance

Échange téléphonique avec la mère

Madame a dû annuler le rendez-vous de Laurent la semaine dernière, parce qu'il avait une gastroentérite. Cela a eu pour effet de vider complètement ses intestins, ce qui s'imposait de toute façon. Par la suite, Laurent a fait dans la toilette 1 à 2 fois par jour, pendant 4 jours, de lui-même. Ensuite, il y a eu deux jours où il n'y est pas allé, et la mère lui a mis un suppositoire. Après cela, il a sali un peu sa culotte et, par la suite, il est retourné à quelques reprises à la toilette de lui-même. Madame dit que Laurent lui dit qu'il ne ressent pas toujours très bien ses envies. La pédiatre recommande la prise de fibres tous les soirs et une séance sur la toilette tous les matins. La pédiatre précise que cela peut prendre de 4 à 8 mois de rééducation pour qu'un enfant encoprétique retrouve les fonctions normales de son intestin. Je demande à la mère si des problèmes subsistent à la maison. Madame me dit que Laurent ne manifeste plus d'opposition à la maison et que son comportement est on ne peut plus normal.

Séance avec l'enfant

Il arrive très calme et se montre particulièrement discret et silencieux. Il met beaucoup de temps à choisir son jeu, puis il arrête son choix sur du bricolage. Sa mère dit qu'il fait souvent ce genre d'activités ces temps-ci, ce qui est nouveau.

Jeu de l'enfant

Laurent découpe des petits morceaux de papier construction rouge qu'il colle ensuite sur une feuille de papier blanc. Il ne répond pas vraiment à mes questions et il ne veut pas raconter une histoire autour de cela. Je réussis à savoir que ce sont quatre sapins. Ils sont alignés l'un à côté de l'autre. Le plus gros à gauche, le moyen ensuite, à droite du premier, et ensuite, les deux plus petits. C'est une famille qui est plutôt heureuse, pas malheureuse en tout cas. Il y a des parents et des enfants. Ils sont sur la neige.

Laurent quitte ensuite la table pour aller dessiner sur le tableau. Dans un premier temps, il veut reproduire ses quatre sapins. Je dois tenir la feuille afin qu'il puisse recopier son dessin au tableau. Puis, avant d'avoir terminé, il efface le tout et décide que nous allons jouer à un jeu ensemble. Nous choisissons un mot secrètement et il faut tenter de trouver le mot de l'autre en nommant des lettres (jeu semblable au bonhomme pendu). Avant que le jeu ne soit terminé, il me précise qu'il a gagné.

F. : Où en es-tu, Laurent, par rapport à ta mère ? Est-ce que ça t'arrive encore de penser que tu aimerais qu'elle soit ton amoureuse ?

L. : Non.

F. : Qu'est-ce qui fait que tu n'y penses plus ?

L. : Ça me tente pas.

F. : Est-ce que tu t'en es trouvé une amoureuse ?

L. : Non, pas encore.

F. : Quand un jour ce sera le temps et que tu en auras trouvé une, qui crois-tu que ce sera ?

Silence.

F. : Est-ce que ce sera ta maman ?

L. : Non.

F. : Une autre madame ?

L. : Non.

F. : Une jeune fille de ton âge ?

L. : Oui.

F. : Qui est l'amoureux de ta maman ?

L. : Marc-André [le père].

F. : Tu en penses quoi ?

L. : J'aime mieux que ce soit lui.

F. : Lui au lieu de qui ?

L. : De moi.

La mère est de bonne humeur. Je ne ressens plus cette agressivité et cette impatience qu'elle éprouvait envers Laurent. Je la vois plus attentive à l'endroit de son fils et plus patiente avec lui.

Commentaire

Je crois que le conflit œdipien de Laurent est résolu. On peut observer à quel point il semble devenu serein. Je crois que c'est pour cela qu'il s'investit moins dans le jeu.

Les symptômes se résorbent. Laurent doit se rééduquer à aller à la toilette, mais il ne manifeste plus d'opposition. Je vais très bientôt proposer de le voir toutes les deux semaines, mais j'attends un peu pour éviter de l'anxiété à la mère. Elle a encore recours trop rapidement aux suppositoires et je ne suis pas certaine que cela ne constitue pas un cercle vicieux. Je le lui ai dit, d'ailleurs. Je la vois très anxieuse face à la possibilité que Laurent soit constipé ou en diarrhée.

Supervision

Rien de bien significatif à ajouter à ton commentaire. Je pense comme toi : il est passé à autre chose ; il s'est résigné à laisser la mère au père. Tu as raison d'envisager de réduire le rythme des rencontres. De toute façon, tu ne devrais pas avoir à le voir encore longtemps.

Vingt-quatrième séance

Je viens de rencontrer Laurent. Il va bien et il continue à aller à la toilette de lui-même. Il y est allé à plusieurs reprises, sans que la mère ne lui ait donné de fibres. Il ne fait plus dans ses pantalons. Il n'a pratiquement plus de comportements d'opposition. La mère semble beaucoup plus sereine. Elle dit que la qualité de la vie familiale s'est considérablement améliorée. Laurent n'a pas été en mesure de produire de jeu symbolique. Il manquait carrément d'inspiration. Il a d'ailleurs dit à sa mère qu'il aimerait cesser le suivi, préférant dorénavant aller à l'école. Nous avons donc décidé de le laisser aller quelques semaines. La mère va me redonner des nouvelles dans une quinzaine de jours. Je lui ai rappelé l'importance de continuer à appliquer mes recommandations et de consulter rapidement à nouveau si les symptômes réapparaissent.

Supervision

Quelle belle nouvelle! Notre optimisme pour ce cas est fort bien récompensé.

Suivi post-thérapie

Depuis l'interruption du suivi il y avait plus de six mois, la mère n'avait jamais redonné de nouvelles. Je lui avais fortement conseillé de ne pas attendre si elle constatait que le problème persistait. Je reverrais alors Laurent rapidement, lui avais-je promis. J'ai tenté d'entrer en contact avec elle à plusieurs reprises, sans succès. C'est à son lieu de travail que j'ai enfin pu la rejoindre et obtenir des nouvelles.

Lorsque je lui ai demandé comment allait le garçon, elle a répondu : « Pas si pire... » Puis elle a dit qu'elle considérait que le problème de Laurent n'était pas tout à fait réglé, car il se retenait encore beaucoup. Lui ayant demandé davantage d'information, j'ai appris que Laurent n'avait plus de comportements d'opposition, ni de problèmes de comportement en tant que tels. Il ne fait plus dans ses pantalons, mais il se retient d'aller à la toilette (seul signe persistant), bien qu'il y aille parfois de lui-même sans attendre. Lorsqu'après trois jours, il n'y est pas allé, la mère lui met un suppositoire, bien que je le lui aie fortement déconseillé. J'estime en effet que l'usage des suppositoires est un moyen trop intrusif et frustrant pour le garçon, que le recours à ce moyen entretient un cercle vicieux nuisant à la rééducation et à l'autonomie complète. On se rappellera que je lui avais plutôt recommandé l'usage quotidien de fibres. Elle dit toujours utiliser celles-ci, mais, selon elle, ce n'est pas suffisant.

Quoi qu'il en soit, madame n'a pas jugé la situation suffisamment embarrassante pour ramener l'enfant en psychothérapie. Je lui ai rappelé ma disponibilité à le revoir si elle en voyait la nécessité.

Commentaire du superviseur sur l'ensemble de la psychothérapie

Je pense que dans l'ensemble, la psychothérapie a atteint son but dans le cas de cet enfant, même si, dans la dernière conversation que tu as eue avec elle, la mère donne l'impression que le travail n'était pas tout à fait terminé. Il faut tenir compte de l'effet des limites de la mère, de son besoin de garder le contrôle sur la fonction anale de son fils, jusqu'à un certain point à tout le moins. Il y a de toute façon une certaine ambiguïté dans l'évaluation que la dame fait de la situation actuelle : Laurent ne fait plus dans ses pantalons, mais elle estime qu'il se retient encore beaucoup même s'il va à la toilette de lui-même. On ne peut savoir dans quelle mesure il le fait ou ne le fait pas... Tout ce qu'on peut dire, c'est qu'après trois jours de rétention de sa part, sa mère intervient avec ses suppositoires, ce que le garçon tolère, selon ses dires. Ce n'est pas l'idéal, nous le savons. Il est cependant bien difficile de dire en toute certitude si c'est le fils qui est un peu négligent, pas suffisamment attentif à son « besoin », ou si c'est la mère qui, par son attitude hyperattentive, tient à garder un certain contrôle sur son fils, sur ce plan précis. Il semble que la mère gagnerait à faire une démarche personnelle.

N'ayant plus accès aux productions projectives de Laurent, ni aux confidences qu'il pourrait donner soit de manière spontanée, soit en réponse à des questions ou à des interprétations de ta part, nous ne pouvons que nous en remettre à ce qui se dégageait du contenu des dernières séances et qu'élaborer l'hypothèse que, puisqu'il n'y a pas eu régression de sa part au niveau des comportements, la résignation à la défaite œdipienne tient toujours. C'est certainement là ce qui importe le plus. Il faut tout de même souhaiter qu'assez rapidement, le plus rapidement possible en fait, Laurent en arrive à se passer des suppositoires de sa mère ou qu'il en vienne à utiliser ceux-ci de lui-même en cas de nécessité. Cela ne dépend pas de lui seul, toutefois !

Ce cas nous ramène à cette réalité fondamentale au sujet de la psychothérapie des enfants : nous ne pouvons faire évoluer un enfant que dans la mesure où les deux parents l'acceptent et se montrent ouverts à la possibilité ou à la nécessité de modifier leurs attitudes ou leurs comportements avec lui. Si la psychothérapie de l'enfant est très souvent une occasion d'évolution, et même d'évolution marquée pour les parents, il arrive souvent qu'elle ne puisse prendre la place d'une psychothérapie personnelle, en particulier pour ceux qui résistent inconsciemment et durablement à voir les changements s'installer chez leur fils ou leur fille.

Conclusion

Michel Bossé

Les quatre études de cas que France et moi avons présentées dans cet ouvrage sont instructives à plusieurs égards. Tout d'abord, elles illustrent le style de communication qui, grâce au jeu, s'établit au fil des séances entre l'enfant et sa psychothérapeute. On pourrait dire avec justesse que dans cette communication, l'enfant « se laisse prendre au jeu », cette expression étant utilisée ici tant dans son sens littéral que dans son sens figuré. Certes, l'enfant n'a pas conscience au départ que ses productions ludiques se rapportent à son monde intérieur ; c'est probablement là ce qui fait que d'entrée de jeu le plus souvent, il révèle par ce médium des pans tout à fait importants de sa dynamique affective. Quoi qu'il en soit, même après avoir constaté que la psychothérapeute s'appuie sur telle ou telle péripétie ou telle ou telle séquence de son jeu pour l'interroger sur des aspects particuliers de son conflit psychique, il n'en continue pas moins de jouer devant elle avec spontanéité et transparence, comme si cet appui n'avait été que marginal ou exceptionnel. Le plaisir à jouer et le désir inconscient de révéler ce qui s'agite en lui (entre autres facteurs) rendent compte du fait qu'il maintient généralement sans hésiter son recours enthousiaste à ce médium.

Ces études de cas illustrent également le niveau de communication qu'atteint l'interaction quand, l'enfant s'étant attaché à la psychothérapeute et étant devenu à l'aise avec elle, la thérapie est entrée dans cette phase que, dans un ouvrage antérieur (Bossé, 2003), j'ai nommée de clarification et d'appropriation consciente. On me permettra de rappeler ici que c'est à l'intérieur de cette phase que la relation du thérapisé avec le thérapeute trouve sa fonction de voie de contournement, de « by-pass », fonction qui rend possibles de la part de l'enfant une plus grande transparence dans l'échange, des phénomènes transférentiels plus fréquents et plus intenses, et, de la part de la thérapeute, un travail d'interprétation plus soutenu et toujours plus lié à ce qui est au cœur de la problématique affective.

Ces études de cas ont en outre démontré à quel point l'utilisation du jeu spontané, ou, pour utiliser une périphrase plus savante, l'utilisation de la communication symbolique, s'avérait indispensable pour le diagnostic des problèmes de l'enfant et pour le repérage de la dynamique affective qui les sous-tend. Non seulement ce repérage permet-il de dégager le sens véritable des symptômes, il permet également l'interprétation des manifestations transférentielles réalisées par l'enfant dans son interaction avec la psychothérapeute. Et, surtout, il permet d'établir avec précision tout au long de la thérapie où en est l'enfant dans son évolution et, si c'est le cas, quel est le bout de chemin qu'il lui reste encore à parcourir.

En regard des sujets soupçonnés d'être aux prises avec un trouble envahissant du développement, ce recours au jeu spontané comme medium paraît encore plus incontournable, pour deux raisons au moins : primo, parce qu'il nous donne accès au vrai potentiel de l'enfant au niveau de la mentalisation et de la maîtrise de la communication symbolique ; secundo, parce qu'il nous permet de repérer très exactement où se situe l'enfant dans l'échelle du développement. J'ai proposé ailleurs (Bossé, 2011, p. 54) que le jeu symbolique (j'inclus dans ce terme les productions graphiques et les productions thématiques) remplit une fonction comparable à celle des instruments jugés indispensables en médecine (radiographie, échographie, tomodensimétrie, laparoscopie, etc.) ; ces moyens d'investigation permettent de dégager un portrait précis de ce qui se passe à l'interne, portrait qui, très souvent, peut différer grandement de ce que laisse supposer l'observation externe[10].

Il y a un dernier aspect que la présentation de notre matériel a mis en lumière : il s'agit de la suprême importance de l'implication des parents comme support au travail conduit par le psychothérapeute auprès de l'enfant. On a pu constater en effet, en comparant le degré de cette implication d'un cas à l'autre, à quel point celle-ci constitue un facteur de premier plan non seulement pour l'obtention rapide des résultats, mais également pour la pleine réussite de la thérapie et le maintien de l'élan maturatif au-delà de la fermeture du dossier. L'implication du parent du même sexe dans la vie de l'enfant au moment où s'amorce la période du renoncement à la conquête amoureuse du parent de sexe différent s'est avérée d'une grande importance dans chacun des cas. Il en va rarement autrement, d'ailleurs, de façon générale. La qualité de cette présence rassure l'enfant sur le fait que le parent

---

10 Pour poursuivre la comparaison entre médecine et psychologie, je proposerais au lecteur les deux questions suivantes : 1) Quel formateur de jeunes médecins serait assez hurluberlu pour recommander à ses étudiants de mettre de côté les résultats de ces instruments diagnostiques tout à fait efficaces (voire indispensables dans tellement de cas cliniques) et de revenir à l'époque où la pratique médicale était essentiellement basée sur l'observation externe et la palpation ? 2) En quoi serait plus sensée la position d'un formateur en psychologie qui insisterait de nos jours sur l'importance de mettre de côté l'utilisation du jeu spontané et des autres épreuves projectives dans le diagnostic des problèmes affectifs de l'enfant ? J'aimerais bien qu'on puisse me produire des données convaincantes qui permettraient de conclure que l'ignorance du second serait moins condamnable et moins délétère que celle du premier.

jadis rival ne lui tienne pas rigueur d'avoir voulu l'évincer. Elle favorise également chez l'enfant la mise en place du mouvement identificatoire, un atout fort utile, sinon indispensable, pour l'abandon des sentiments de rancœur consécutifs à la défaite œdipienne.

Les quatre études de cas que nous avons présentées dans cet ouvrage s'ajoutent aux six autres réalisées selon la même approche et publiées dans des ouvrages antérieurs (Bossé et collab., 1999 ; Bossé et collab., 2008). L'ampleur de ces données sera-t-elle suffisante pour ébranler les convictions de ceux qui, en milieu universitaire ou pédopsychiatrique, notamment, affichent bruyamment leur scepticisme au sujet de l'efficacité d'une approche de ce type basée sur la prise en compte de la réalité psychodynamique de l'enfant ? Sera-t-elle suffisante pour réduire au silence ces professionnels qui affirment haut et fort que les problématiques œdipiennes sont de la « foutaise », et qui nient énergiquement que ces désirs tenus secrets, gardés le plus souvent au plus profond de soi, puissent durablement troubler des enfants (et des adolescents) et figer leur élan maturatif ? Ce serait à espérer, mais il importe d'être réaliste : les préjugés et les résistances s'avèrent malheureusement très souvent bien tenaces. Chez certains contradicteurs en effet, même l'affirmation tout à fait sincère de ma part qu'au récit de ces cas pourraient s'en ajouter plus de mille autres, traités de la même manière en tenant compte de leur niveau de développement, n'aurait pour effet que de les enraciner plus profondément dans leurs convictions et de les motiver à claironner leur opposition plus fortement encore. Qu'à cela ne tienne : ce travail de témoignage et de persuasion doit quand même être poursuivi coûte que coûte auprès du plus grand nombre de professionnels possible, nourri par l'espoir qu'il aboutisse de façon heureuse, car le changement de mentalité qu'il vise rejoint tellement le meilleur intérêt des enfants et celui de leurs parents.

Bibliographie

Bergeret, Jean (1996). *La pathologie narcissique*, Paris, Dunod. 248 p.

Bergeret, Jean et Marcel Houser (2001). *La sexualité infantile et ses mythes*. Paris ; Dunod. 279 p.

Bossé, Michel, Mylène Boileau et Isabelle Moreau (1999). *Des tout-petits jouent, parlent et... se transforment*, Montréal, Groupéditions. 198 p.

Bossé, Michel (2003). *Initiation à la pratique psychothérapeutique auprès de l'enfant*, Montréal, Groupéditions. 334 p.

Bossé, Michel, Patrick Bissonnette et Marie-Claude Boutet (2008). *Le sexe du psychothérapeute et son influence en pratique infantile*, Montréal, Groupéditions. 141 p.

Bossé, Michel (2011). « *Pourquoi j'irais chez la psy, maman ?...* », Montréal, Groupéditions. 160 p.

Table des matières